优势谈判

沃顿商学院谈判实战课

[美]赫布·科恩——著　谷丹——译
（Herb Cohen）

YOU CAN HOW TO GET WHAT YOU WANT
NEGOTIATE ANYTHING

中国科学技术出版社
·北京·

You Can Negotiate Anything: How to Get What You Want by Herb Cohen
Copyright © 1980 by Herb Cohen
This edition is published by arrangement with Kensington Publishing Corp.
through Big Apple Agency, Labuan, Malaysia.
Simplified Chinese edition Copyright © 2022 by Grand China Publishing House
All rights reserved.
No part of this book may be used or reproduced in any manner whatever without written permission except in the case of brief quotations embodied in critical articles or reviews.

本书中文简体字版通过 Grand China Publishing House（中资出版社）授权中国科学技术出版社在中国大陆地区出版并独家发行。未经出版者书面许可，本书的任何部分不得以任何方式抄袭、节录或翻印。

北京市版权局著作权合同登记　图字：01-2021-6760。

图书在版编目（CIP）数据

优势谈判 : 沃顿商学院谈判实战课 /（美）赫布·科恩（Herb Cohen）著；谷丹译. -- 北京 : 中国科学技术出版社, 2022.1（2022.9重印）

书名原文：YOU CAN NEGOTIATE ANYTHING：HOW TO GET WHAT YOU WANT

ISBN 978-7-5046-9308-2

Ⅰ. ①优… Ⅱ. ①赫… ②谷… Ⅲ. ①谈判学 Ⅳ. ① C912.35

中国版本图书馆 CIP 数据核字 (2021) 第 246991 号

执行策划	黄　河　桂　林
责任编辑	申永刚
策划编辑	申永刚　刘　畅
特约编辑	魏心遥
版式设计	王永锋
封面设计	FAWU WONDERLAND
责任印制	李晓霖

出　　版	中国科学技术出版社
发　　行	中国科学技术出版社有限公司发行部
地　　址	北京市海淀区中关村南大街 16 号
邮　　编	100081
发行电话	010-62173865
传　　真	010-62173081
网　　址	http://www.cspbooks.com.cn

开　　本	787mm×1092mm　1/32
字　　数	187 千字
印　　张	9.5
版　　次	2022 年 1 月第 1 版
印　　次	2022 年 9 月第 2 次印刷
印　　刷	深圳市精彩印联合印务有限公司
书　　号	ISBN 978-7-5046-9308-2/C·186
定　　价	69.80 元

（凡购买本社图书，如有缺页、倒页、脱页者，本社发行部负责调换）

谨以此书纪念我的父亲莫里斯·科恩,
他将自己关于谈判方面的策略、方法、技巧
毫无保留地传授给我。
在生活当中,他是一个能言善辩的人。

YOU CAN NEGOTIATE ANYTHING

目录

前　言　　即学即用的优势谈判实用技能　　　　　　　　1

第一部分　万事皆可谈　谈判是一种才干

第 1 章　"无处不在"的谈判　　5
世界就是一个巨大谈判桌

谈判沟通：人人都应成为"谈判专家"　　5
人生中最司空见惯的事情——谈判　　6

第 2 章　情景与影响力　　12
掌握技巧，轻松谈判

挖掘信息，直到摸清对方底牌　　16
警惕压力和时间　　18
设法摆脱思维定式　　19
相信权威还是相信自己？自己！　　22

第 3 章 | 巧用谈判策略 　　29
循序渐进，把对方引到你设计好的场景

营造一种竞争氛围　　29
他们开出价格，你表达愿望　　30
一个讨价还价的技巧：吹毛求疵　　32
曲线救国：如果一次买 4 台，优惠多少？　　33
让他耗尽心血，再下最后通牒　　34
善于示弱：看似愚笨的一方往往占到便宜　　39
装糊涂：检查一下"说"与"听"的实际比例　　42
我只有这么多，请帮帮我吧！　　44

第二部分　建立优势　抓住要领，步步为"赢"

第 4 章 | 相信自己 　　53
决定成败的关键力量

获得金钱的"伯特·兰斯原理"　　58
挑战法定力量　　62
聪明的冒险者容易抓到机会　　65
参与其中才会产生认同　　70
专业的力量：要对方知道你的"专才"　　72
满足对方：准确拿捏其真实需要　　76
设法让对方投入更多　　79
不要成为"纸老虎"：让其害怕和有求于你　　81
得到肯定　　83
"怜悯弱者"倾向：道德伦理的力量　　88
打破惯例："一口价"商店不能讨价还价吗？　　89
学着多坚持一会　　92

	说服：帮他分析价值和利益	95
	情绪：可以在意，但不必太在意	97

第 5 章　有关时间的普遍原理　101
时间弹性与时间影响

不要理会期限：太急切，你就输了　101
以"最后期限"向对手施压　107
真正的本事：坚韧持久　109

第 6 章　捕捉信息　111
"信息"是开启成功之门的钥匙

买马人不会告诉马贩子想要哪匹　111
获取信息：在谈判之前更容易　113
读懂暗示：细致观察、仔细倾听　117
以"缓慢增加游戏"的方式玩一场博弈　121

第三部分　掌控局面 "竞争"或"双赢"的策略

第 7 章　赢─输模式　131
满足自我，不惜一切代价

开始发难：在竞争者之间制造矛盾　134
"一把手"往往是最差的谈判者　140
常见的诡计："情绪表演"　142
步步紧逼：示弱只会让对手更强硬　157
一直用"不"作答，力求一毛不拔　158
所谓"期限"，只不过是谈判的附属品　160

第 8 章	赢 — 赢模式	**165**
	双赢谈判，互惠互利	
	学会倾听，借助过程满足需求	173
	双方同时受益的创造性举措……	175
	解决冲突先正确分析冲突因何产生	178

第 9 章	互信机制	**182**
	更多的双赢技巧	
	以诚相待才能建立互信	182
	曲线原理：谁能影响他的决定？	202
	面对挑战，先认清你的对手	210
	有意识地运用"折中法则"	226

第四部分　谈判制胜　用个人影响力驾驭局势

第 10 章	在线谈判	**239**
	线上及电话谈判的秘诀	
	电话谈判："匆忙"是失败的主因	240
	告诉对方你已做好了"合约备忘录"	247

第 11 章	打破惯例	**257**
	不放弃，不屈服	
	尽量不与缺少决定权的人谈判	257
	推高层次，推进谈判进程	259

第 12 章	获得认同	276
	提升个人影响力	
	怎样准确地展现自己、驾驭局势？	277
	交涉时让人知道你的情感和需要	280
	优势谈判：改变自己和他人生活的力量	290

致　谢　　　　　　　　　　　　　　　295

前言

YOU CAN NEGOTIATE ANYTHING

即学即用的优势谈判实用技能

在你阅读本书之前,我先详细阐述一下你即将注意到的三方面事情。

第一,我要让我绝大多数的读者确信,我十分注重遣词造句,尽量避免各项用词的偏差,避免出现矛盾。当然我也希望读者们原谅书中无意的疏忽,我花了很多时间用于创作,如果有这些缺失出现的话,请接受我的道歉。在撰写此书的过程中,我曾花费了很多时间用于抓住人们对同一英语单词语义不同的好恶。我最初的尝试是尽量减少使用代词,因为太多的代词会使文字显得前后混淆和拙劣,读者看了你的书后只会觉得是在浪费时间。

我还大量使用了一些较为男性化的词语。因此,你可能会偶然遇到一些表露男性至上主义观点的措辞。当然,我并不认为由于夏娃是用亚当的一根肋骨造的,女人就该依附于男人,相反,我对女性是绝对尊重的。到了现在这个大彻大悟的年龄阶段,才发现这个错误最终应该根源于美国的母语。

第二，我努力使我的文字中不出现类似脚注、参考以及技能指导类的教材那样的东西，因为我认为自己不需要用这些来支撑我的观点和意图。我写这本书的目的不是为了给专家提供学术性的指导，而是为了给那些外行们提供一些可读性强、可操作性强的参考。我的这些思想、观点只能是因其本身而有意义，若非如此，即使一个非常可爱的小脚注也挽救不了什么，如果连思想都站不住脚，那全书将毫无意义。书中的这些例子、论证、思想必须同读者的实际需求相一致，否则，再多的信息，也只是画蛇添足，无济于事。

第三，读者在读此书的时候不会陷入学术上或是法律术语上的困惑，因为我已经在这之前就将事例简单化、明了化了。应该说，我在本书的某些部分对一些专业术语只是作了粗线条的解释，这些术语在句子中有丰富的含义，需要我们在阅读的过程中花时间去理解。同时，我一改过去那种咬文嚼字的做法，大量使用建议性的语气，采用一般的对话形式，抛弃那种刻板的专业性文字描述。用一种更直白、更灵活的语言来取代那种文绉绉的、令人肉麻的感觉。

我出这本书的本意并不是为了说明什么是正当的行为，然后告诉你应该怎么做，相反，我的目标是为了阐明你的现实状况以及目前距离理想的差距，告诉你是否还有机会等。

我会指出到底是什么限制和束缚了你，同样，在提供了合理的选择方案的情况下，会让你自己从中做出抉择。然后你们中的每一个人都会在你们自己认为舒服、满足信仰的前提下，找出一条既能够得到你们所需要的，又能满足自己独特需求的途径来。

第一部分

万事皆可谈

谈判是一种才干

这个世界就是一个巨大的谈判桌,不管你是否乐意,谈判就存在于你每天的生活中。谈判无时不在,无处不在。

要想到达希望的彼岸，你只有通过谈判才能跨越铺满荆棘的道路。

To get to the Promised Land, you have to negotiate your way through the wilderness.

第 1 章
"无处不在"的谈判
世界就是一个巨大谈判桌

你所面对的现实世界其实就是一个巨大的谈判桌，不管喜欢与否，你都是局中人。作为社会中的一个个体，你难免和别人发生冲突，比如家人、业务员、竞争者等，还可能会遇到具有"创业者"或是"权力核心分子"这样吓人头衔的人物。如何处理同他人以及社会其他组织之间的关系甚至是冲突，不仅决定你是否能够摘取成功的桂冠，而且还决定着你能否过上充实、惬意并让你感到满足的生活。

谈判是一块需要用知识和勤奋来经营的土地，其目的在于从那些你所需要的人之中得到帮助，竭尽所能地去获取他人的好感，并从他人手中得到我们所要的东西，道理就是这么简单。

谈判沟通：人人都应成为"谈判专家"

如果你留意的话，就会发现原来我们需要的东西真是多种多样、五花八门，比如说名誉、自由、金钱、公正、地位、爱情、安全以及赏识等都是我们的追求。我们还注意到，生活中有一部分人总是比其他人更清楚地知道如何才能得到他们想要的东西。而你，即将成为这些人中的一员。

人们传统的思维方式总是认为，成功总是钟情于那些受过良好教育、拥有巨大才干以及做出突出贡献的人。但是残酷的现实总是使那些持有这种观点、努力工作并希冀到达成功彼岸的人大失所望。"成功者"这个头衔似乎总是垂青那些既有才干又有"谈判"能力的人，谈判往往能够让他们得到想要的东西。生活的现实要求真正的"赢家"除了具备竞争力，更要具备谈判能力。

人生中最司空见惯的事情 —— 谈判

我给谈判下的定义是：谈判是综合运用一个人的信息和力量，在多种力量所形成的结构网的张力范围之内去影响人们的惯常行为及反应。如果你考虑这个涵盖面广阔的定义，你就能意识到：从某种意义上讲，谈判事实上贯穿了你生活中的全部细节，包括你的工作以及生活。在生活中的每一个细小方面，你都在不断地与他人进行着谈判。

那么在工作之余，我们到底用信息和力量在影响谁的行为？丈夫同妻子谈判，同样妻子也在和丈夫谈判。你还在不经意间用信息和感召力影响着你的亲朋好友。此外，谈判还可能在这些情况下发生：

第一部分 | 万事皆可谈　谈判是一种才干

当你违反交通规则，交警找到你时；
当商店不大愿意受理你的个人支票时；
当房东没有提供基本的生活设施或是准备提高房租时；
当一个专家向你索取提供服务后所需支付的费用时；
当一个汽车经销商试图推销汽车时；
当你已经完成了预订但酒店的服务员还是对你说"客满"的时候。

在一个家庭之中，谈判更是司空见惯的事情，父母和孩子经常会莫名其妙地卷入谈判。下面我就给你讲述一件发生在我身边的事情。

谈判进行时
YOU CAN NEGOTIATE ANYTHING

会谈判的"熊孩子"有多可怕？

我和妻子有3个孩子。我们最小的儿子在9岁时体重只有50磅（约23千克），在同龄的孩子当中，他的体重明显偏轻。我的小儿子经常会让我们感到难堪，事实上，他是我们家庭中所有矛盾的根源。因为我和妻子均属能吃的那种人，或者说是美食家，所以老大、老二都继承了我俩的"优点"，胃口好得出奇。但自从我们有了老三，问题便接踵而来，人们常常会好奇地问我们："这孩子是从哪里来的？是你们生的吗？"

优 势 谈 判
沃顿商学院谈判实战课

老三如此瘦弱与他的人生逻辑有很大的关系，提供食物的地方他都避之不及。对于他来说，"用餐""厨房""晚餐"和"食物"都是俗不可耐的字眼。

几年前，我在辛苦地忙碌、奔波了一周之后，在星期五的晚上回到家里。

出门在外的旅途是非常寂寞的，至少对于我这样的人来说确是如此。我一边在回家的路上走，一边在脑海里构思着一场隐约潜在的谈判，准备回家后同妻子好好谈谈。走进家门后，情况让我大失所望，妻子像胎儿似的蜷缩在躺椅上，无聊地吮吸着手指。我顿时感到非常惊诧，马上意识到妻子可能遇到了什么不顺心的事。恰在这时，听见她喃喃地说道："今天简直是糟糕透了。"

为了能让她尽快摆脱忧郁，我立刻说："今晚我们为什么不去饭馆吃一顿呢？"刚一说完，妻子和老大、老二便异口同声地答道："太好了。"但9岁的小儿子并不同意。他说："我不去饭馆吃饭！"这时，我突然变得非常急躁，一下子抱起他并把他放进了车里，这也是一种谈判，不容分说。

来到饭馆后，小儿子还是没有停止抱怨。最后他说："爸爸，为什么我必须和你们一样围着桌子坐？为什么我不能坐在桌子底下？"

我转向妻子说："这样行吗？我们四个人围着桌子坐，桌子下面还有一个。我们还可以省下一部分钱呢！"她开

第一部分 | 万事皆可谈　谈判是一种才干

始不同意,但我还是说服了她。

晚餐开始后的前10分钟大家都相安无事。但在上第二道菜之前,我感到一个黏糊糊的小手摸着我的腿。几秒钟后,我的妻子好像受到了强烈的刺激,一下子从座位上跳了起来。

这时,我真的来气了,把手伸到桌子下面,抓住了这个"捣蛋鬼"的肩膀,并把他拉出来,一把按在靠近我的座位上,以低沉的声音对他说:"就坐在这儿!不准动,别跟我说话,也不要惹你妈、哥哥和姐姐!"

他答应道:"行,可是我能站到椅子上去吗?"

"可以,"我不得不做出让步,"那你就自己一个人爱干吗干吗,别再吵到大伙。"

20秒钟之后,大家都不再理睬这个自己独自在墙边玩耍的小鬼,可他却在没有任何先兆的情况下,把手放在嘴边围成口杯状,大声地叫嚷着:"这是一个令人恶心的餐厅!"

我感到异常震惊,再也无法保持优雅的风度,但脑子还算清醒。我捏住了这小家伙的脖子,把他塞进了桌子底下,然后要求买单,草草结账离开了饭馆。

在回家的路上,妻子对我说:"赫布,我想我们今晚应该吸取教训,以后不要再把这家伙带到饭馆了。"

优势谈判
沃顿商学院谈判实战课

我不得不认罪似的同意，再也不带这个瘦瘦的家伙外出用餐了。在那个令人窘迫的时刻，我们这个9岁的孩子所做的一切就是用某种力量来影响我们的行为。就像今天很多孩子一样，他也是一个谈判者——至少是在和他的父母谈判。

工作中你也许会经常参与谈判，尽管你可能常常意识不到。下属或雇员总是用某种信息和力量影响他们上司的行为和思想。比如说，你有一个非常好的企划方案需要领导接受时，你需要用某种方式来"包装"你的思想，即领导是否接受你的企划方案有两个条件：第一，是否迎合了领导目前的迫切需求；第二，是否符合公司目前的迫切需要。很多人虽然具有高超的专业技能，但大多都缺乏能够有效输出他们想法的谈判技巧，从而使他们的一些很好的想法束之高阁，结果他们经常会感到沮丧，不得不承认自己的失败。

在今天这样一个社会里，一个精明的老板常会因为要向雇员委派一件事而与其进行谈判。什么是老板呢？老板就是具有某种权威的人。这种权威能够让别人自愿地去做必须完成的工作。我们都知道，现今应付老板最好的方法就是将他变成一部机器的轴承，而你则是转动它的手柄，精确地、毫不动摇地按照他吩咐的去做。当你领受任务时，应当记录在案，并且反过来问老板："这就是你所要求的吗？"然后再按照记录的东西分毫不差地逐项完成。

两周后，你的老板也许会走到你面前，督促你的进度："怎么样啦？"

这时你会回答："我不知道，我正在严格地按照你吩咐的去做。"

对这种现象我们现在有一个准确的说法——非善意的服从，不

第一部分 | 万事皆可谈　谈判是一种才干

是这样吗？我们现在就有很多人将此演绎得有过之而无不及。

所以，如果你恰好是个老板，那么你绝不要试图使雇员一字不差地按照你的意思去做。你应当想，他们会时不时地做一些你并没有让他们去做的事，因为很多问题是无法预期的，也有些事情是你不便讲明的。

与老板、上司谈判只是你工作的一个方面，可能有些时候你和同事之间也难免会陷入谈判。为了完成工作，你需要同别人进行合作，需要别人的帮助和支持。你的同事各有特点，有些人也许不在你的工作联络网之内，却有绝对的力量帮助你完成某项工作。他们也许住在一个城市中的不同街区，也许有着不同的想法或工作方式，发挥的作用也许不尽相同。但是你必须具备谈判的技能，从而获得来自各方面的帮助与支持。

你还可能会和消费者、顾客、银行家、小商贩们进行谈判协商，有时你的对象甚至是那些美国国税局、职业保障部或者是卫生部的政府工作人员。你可能会为了一项大的预算，扩大办公空间以及争取更大的自主权、决策权而与别人谈判；你还可能为了争取减少劳动时间、住房搬迁以及任何你所需要的事情而同别人谈判。我的意思是你所参与的谈判远比你意识到的多得多，而这些谈判的对象及目的，常常是不自觉的。因此，你应当通过学习来掌握谈判的技巧，将其做得更加完美。你完全可以成为优秀的谈判专家——这样，不论是在工作中还是工作之余，你的生活品质都会得到大幅度提高。

世事纷繁复杂，需要你去不断发现。

The sign wasn't placed there by the Big Printer in the sky.

第 2 章

情景与影响力

掌握技巧，轻松谈判

信息、时间压力以及权威的力量，经常会通过不断地组合来演绎出使你满意或是遭受挫折的戏码。我们来假设这样一个情景：

谈判进行时
YOU CAN NEGOTIATE ANYTHING

明知"一口价"，偏要去砍价

一天早晨，你醒来之后，到冰箱里拿出一杯牛奶，本打算把一大半喝下去，剩一小口倒进咖啡里。但当你打开冰箱门、拉出储物盒时，你发现里面湿乎乎的，牛奶好像已经发酵。退后一步，你又发现地板上有一大摊积水。于是你立刻叫妻子来看看究竟是怎么回事，她找出了问题所在，并告诉你："这个破电冰箱出故障了。"

你接着说道："那我们买个新的吧，最好去'一口价'商店，那儿我们不用费嘴皮子讨价还价。"由于孩子太小，

第一部分 | 万事皆可谈 谈判是一种才干

不能一个人待在家里,所以你告诉孩子们:"上车吧,我们一起去买台新冰箱!"

在路上,你们讨论着手头可以使用的现金。由于你们目前的现金并不十分宽裕,所以你打算花不超过450美元来买一台冰箱。换句话说,你现在头脑中已经有了一个明确而坚定的目标。

你们到了那个"一口价"商店。这样的商店比比皆是,什么希尔斯、沃德、吉姆贝尔斯、马歇尔基地、梅西、哈德森等,都是久负盛名的"一口价"商店。为了叙述方便,我们就拿希尔斯来打比方吧!你踌躇满志地走到一个大型的电器销售部,而你的家人则在后面尾随着你。

你打量着各种各样的冰箱,迫不及待地想从中找出能够满足你家需求的一款冰箱。终于你找到了这样一款,然而不凑巧的是,当你把身子凑到跟前才发现,样品上有一个标价,上面写着:仅售489.95美元,这刚好比你所预计的多出了39.95美元。这并不是随随便便写上去的价钱,而是用非常正规的印刷体写出的标价。

于是你招呼道:"嗨,有人吗?"销售人员不紧不慢地走了过来。"你好,你需要帮助吗?"

你回答:"对,我想和你谈一谈这台冰箱。"

售货员说"你喜欢这款吗?"

你回答·"当然了。"

他说:"太好了,那么我给你开一张售货小票。"

你立即阻止道:"不……稍等一下,我们还能再谈一谈吗?"

他微微地皱了一下眉头说道:"那你和你的妻子商量吧,你们谈妥之后,请到五金部找我。"说完就转身大步走开了。

现在我就要问了,这是一个简单的谈判还是一个复杂的谈判?在我们这种文化氛围中成长起来的大多数人都会认为这是一个困难的谈判。为什么呢?主要原因就是你掌握的信息太少,尤其是对对方的情况一无所知;你急需一台冰箱,没有过多的时间去挑选;此外,你感到影响售货员的行为难上加难,也就是说你没有足够的力量来影响售货员的行为。

在你介入的每一场谈判中,在你所涉及的每一场谈判中,事实上,在这个世界上存在的每一场谈判中(从外交谈判到国际领域的其他谈判再到房地产的买卖),都会有3个不可或缺的决定性因素:

信息。 谈判需要掌握准确的信息,有时我们会发现对方了解你和你的需求似乎比你了解他们的情况和需求更加全面、准确。

时间。 谈判有一定的时间范围,有时看来对方似乎很轻松,没有太多的压力,没有时间的限制,他们似乎对最后期限无动于衷,但这些对你来说的确构成了巨大的压力。

力量。 谈判最终要通过某种力量来影响彼此的行为,对方所拥有的力量和决定权似乎总是比你的大。

第一部分 | 万事皆可谈　谈判是一种才干

力量是使一个人充满自信的源泉，它能够帮助你出色地完成每件事——帮助你去影响甚至左右别人、解决问题、驾驭局势。但总而言之，所有的力量都有赖于你心中的感受，基于你心中的认同。如果你认为自己拥有力量，那么你就真的拥有了。反之，如果认为自己不具备这种力量，那么即使你已经拥有了，也不会在实际运用中发挥出来。简而言之，力量可以使你的能量倍增，可以让你多角度地看待生活，可以让你顺利地去完成每一件事。

你所具备的谈判能力最终决定了你对自己周围的生存环境是否具有影响力，这种谈判能力向你提供了一种处理生活的方式。相信我，谈判并不是人们常说的骗局或者把戏，而是3大因素的完美结合，那就是掌握分析信息、把握驾驭时间、积极调动力量来影响别人的行为。其目的是协调各方面的需求，或是让事情按照你所期待的方向发展。

谈判并非新兴的艺术。在我看来，历史上最伟大的两位谈判专家生活在约2 000多年前。但那个时候，别人并不认为他们就是谈判专家，更谈不上是谈判界的权威。尽管如此，他们的实践无时无刻不在影响着别人。

这两个伟大的人物经常是衣衫褴褛，他们去世界各地，向所有碰到的人请教，因此，他们能收集到别人难以掌握的各种信息。这两人当中，一人善用推论的形式，而另外一位则对寓言、比喻的方式驾轻就熟。他们都有各自的支持者，也有反对者。他们愿意冒险，但是需要依据他们的经验来驾驭不同的局面。然而，在这两位长者与世长辞之后，都赢得了众多的追随者，并继续把他们的思想发扬光大，人类的价值观因此得到改变。事实上，我们当中的许多人，至今仍生活在他们两位缔造的价值观之中。

当然，我所说的这两位先知就是基督教信奉的救世主耶稣以及古希腊伟大的哲人苏格拉底。在我看来，他们都是谈判专家，都是在辩论中能够获得双赢的道德理论谈判专家，他们都具有常人难以比拟的伟大力量。事实上，他们都是轻松驾驭谈判、熟练运用谈判方法及技巧的一代大师。在本书中，我将向你介绍轻松驾驭谈判的重要方法和技巧。

挖掘信息，直到摸清对方底牌

你知道售货员的需求吗？或者你知道这家商店的需求是什么吗？这个销售员的工资是固定不变的还是底薪加提成的方式？或者是这两者兼而有之？对于这些你统统不知道。

他这个月的销售成绩是好还是坏？他的老板是不是警告过他今天必须要卖出一台冰箱或者别的什么？你也不知道。

这款冰箱是不是这家商铺的热销品种，刚刚上货，且供不应求？或者它是一个破烂货，没人要。由于库存太多，商店经理正打算贱卖、促销？这些你也不知道。

这个商店有没有关于这个款式冰箱的价目明细表，将这款冰箱的逐项造价说明呢？你也不知道。

第一部分 | **万事皆可谈** 谈判是一种才干

那么这家商店在这款冰箱的销售上是否赢利？如果是这样，赢利多少？所有这些你全都不知道。

显而易见，对于这家商店以及销售人员的情况你一无所知。但销售人员对你知道多少呢？对，他知道你对这款冰箱很感兴趣，顾客可能会在体育运动部、服装部或者在音响部走马观花，四处闲逛，但却不会去大型的家用电器经营部闲逛，无故地耗费时间。因为他们大都是在需要的时候，才会去挑选冰箱。

除了掌握这些初步信息之外，销售人员还清楚地知道，这附近还有哪家竞争者也在销售类似的电冰箱，现在是不是正在发布特价促销之类的信息，一般情况下他们的要价是多少，如此种种。

这些销售人员啊，实际上非常精明，他可能会在当时有那么一刹那看起来并不太关注你和你的夫人，或者说有些心不在焉，但实际上他却在竖着耳朵听你们的交谈。他听到你们在讨论你家里的那台旧冰箱，你目前的现金周转问题，以及你们急切地需要一台新冰箱的情况等。这样销售人员无形中已经从你们的谈话中获取了第一手的资料，你们说得越多，他对你们的情况就会了解得越多，就会更加有把握把冰箱卖给你们。

你们之间的小对话，例如："这个颜色可真不错……"，"我认为这样的一款冰箱，这样的价格，在马路对面的沃德电器行是肯定找不到了"。或者是："噢，你看这款冰箱的冷藏室多宽敞，这是我所见的冰箱里面最宽敞的"。所有这些无意间的交谈都给了销售人员从中发挥的空间。

是否注意到销售员对于你提出的一些问题从未做正面的回答，这一点说明了什么呢？即他的某些回答属于反问句，像是柜台询问。你如果问："我没说我要买这台冰箱，就算是要买，你们什么时候能送货呢？"他会回答你："你希望我们什么时间送货呢？"这时你会回答："要不就今天下午早点送来行吗？"他会说："怎么这么急呢？"这时你或你的夫人就会发表意见："因为我们花了70多美元买的食物再不冷冻起来就要变质了。"

那么销售人员喜欢你所提供的这条信息吗？是的，因为你已经向他摊出了自己的底牌，你买冰箱的事已经不能再拖了，而此时你并不知道他的底牌是什么。

警惕压力和时间

你和销售人员信息差距越拉越大的主要原因在于团体压力和时间这两个方面。从表面看来，向你卖东西的这个销售人员一点也不急，甚至还有些漫不经心。但实际上，他的背后还有他的商店。他背后真正发挥作用并不断运作的这个商店我们是无法一眼看穿的。相比较而言，你们这个家庭小团体的情况却是一览无余，很容易被别人观察出来——你们的意见经常会出现分歧。妻子说："我们走吧。"作为丈夫的你却说："等一等，我们再待一会儿。"如此这般。

那么你们那两个被带进商场的孩子们怎么样了呢？他们在哪儿？

是站在冰箱旁边安静地等候,还是在你们行进的途中进行休息,或是耐心地等待你们买完冰箱后走人?都不是。事实是那个小一点的孩子钻进了冰箱里与另一个玩起了"藏猫猫"的游戏。

"他在哪?"

"我想他是藏进了那个黄色的冰箱里面,就是那边那个关着门的。如果我们3分钟之内不赶快把他弄出来的话,他在里面一定会窒息的!"

另外一个小家伙到哪里去了?在商店的另外一处,他在用曲棍球击打橡胶球,而要打到的目标正是洗衣机和烘干机。瞧那身手多敏捷,每隔几分钟他就会大声叫喊:"快来!赶快!比赛开始了!"

当你的团体向你施加压力让你必须赶快做出决定时,电器销售人员则从你们的身旁漫不经心地走过,表现得好像对卖不卖这台冰箱并不怎么感兴趣一样。他会时不时地插上一句:"嗨,你们在这儿呐,下定决心了吗?"然后又漫不经心地去吃他的芒果和椰子。

设法摆脱思维定式

除了以上这两大要素,还有一个要素就是力量。力量是指某种影响力,在这个例子中,它以两种不同的形式表现出来:分别是思维定式的力量和权威的力量。

大部分人坚信自己不会在"一口价"商店里与人讨价还价,他们认为在这种商店里没有商量价钱的余地。如果我问他们为什么,他们很可能这样回答道:"如果可以商量价格,那它为什么还要叫'一口价'商店呢?"这种想法将会直接导致以下一连串的后果和影响:

他们相信"一口价"商店里不可能有讨价还价的余地。因此,他们就不会在"一口价"商店里讨价还价。结果导致他们对自己讨价还价的能力产生怀疑,并以此来证明一开始他们的想法就是对的。

这是一个典型的自我预测实现的例子。

你见过有人对自己的信心都不足,还能在"一口价"商店里与人议价,并最终把价格砍下来的吗?这种信心不足、热情不高的倾向本身就蕴藏着失败的种子。

顾客走到标价牌跟前,底气不足地指指上面的价格。当然,销售人员十分清楚顾客的意图,因为这一幕场景对他们来说再熟悉不过了。但是,他还是想让顾客自己把话说出来。

销售人员最后终于开口了:"有些什么问题吗?"

顾客指着标价牌咕哝着说:"你知道的。"

销售人员说:"难道这个标价有什么问题吗?"

顾客结结巴巴地说:"不,不是……就是这个价……价……"

销售人员"纯真"地问:"什么?"

顾客最后按捺不住地脱口而出:"这个价格!"

这时,销售人员立刻以一副公正无私而又委屈无奈的姿态说道:"对不起,先生,我们这儿可是希尔斯连锁店!"

第一部分 | **万事皆可谈**　谈判是一种才干

如果这一幕发生在我身上，我会抱歉地说："噢……对不起，我真的没注意到是哪家店！"就在这时，我会指着妻子，让她转身离开这家。当然，我会和她并排走出该店，并且在她的身边大声嚷嚷："我再也不跟你一起逛商场了！"顺便说一下，其实这样做并不差，因为整个过程是在我和妻子的默契合作下完成的。

有一种令你摆脱困窘的途径：

请不要表现得好像你那点有限的经验能够揭示得了宇宙的真理一样，如果你不是那么高明，请有意识地强迫自己走出那点可怜的经验之谈，打破思维定式，重新审视自己的结论。

你会吃惊地发现，许多人固守的观点其实都是错误的。因此，我们应当尽量提高打破思维定式的能力，避免重蹈以下覆辙：

> 人们说这个工作乔治干不了；
> 他半信半疑、信心不足地干上了这份工作；
> 他应付着工作，表现得就好像他干不了；
> 于是乔治最终说他干不了这活。

作为一名谈判者，你要具有冒险精神，要从自己固有的老习惯、老套路中解放出来，从束缚你的思维定式中摆脱出来，做些新的尝试。挑战自己的设想，提升自己干成一件事的信心等级，提高你的希望指数。

相信权威还是相信自己？自己！

权威的力量来自人们的共识，它源于可感知到的、可见的权威。通常情况下，这种权威由一些无生命的事物来表现。例如：一个标志、某种形式的表格或者是一份打印出来的文件。正常情况下，这种权威是毋庸置疑的，具有决定性的。

例如，如果我建议你去做某事，你会基于自身的需求来反复推敲我的要求。如果我的要求与你的需求一致了，你就有可能答应我的要求。但是，如果有某个信息指导你必须去做某事时，你就会毫不迟疑地去做。下面我就要举例说明自己的这一观点。

你经常外出旅游吗？如果是，那你一定对每个假日旅馆总台上的那个小标牌十分熟悉，而旅馆内每间房门上都会有一个较小但是内容相同的标牌，上面都写着同样的内容："退房时间是下午1点"。

你认为会有多少客人，不怕麻烦地从字面上去理解这个标志的含义，等到下午1点钟再去准时结账退房呢？有人曾经问过我这个问题，我思索了几分钟，然后说："40%。"我之后又从假日旅馆的行政管理人员那里了解到：这个数字在90%~95%，中间的变量决定于这家旅馆所处的具体位置。

这个数字会让你感到惊讶吗？是的，确实是这样。在大选之年，情况好时也只会有55%的人进行选举投票，但是会有95%的人会在旅馆规定的时间——下午1:00准时结账。令人疑惑的是，为什

第一部分 | **万事皆可谈** 谈判是一种才干

么那些喜欢自由、独立,过惯了旅居生活的美国人会在指定的时间到总台结账?

谈判进行时
YOU CAN NEGOTIATE ANYTHING

"退房标识"引发的排队惨案

5年前,我偶然投宿到一家假日旅馆,由于我要赶一趟下午早些时候的飞机,所以我在中午12:30来到了前台准备付账离开,可此时大厅内却空无一人。就在这时我突然感到肚子有些饿了,所以我决定先去旅馆的餐厅就餐,等把这顿饭钱归到账上后,再回来结账。饭后,我看了看表,恰好是下午1:00。这时我猜想着刚才还空无一人的旅馆大厅现在结账的人顶多不会超过3个。

可是当我回到大厅,那儿已经有28个人在收款台前排队了,那架势就像监狱里的犯人等着分饭一样。我简直不能相信,怎么在短短的半个小时里会冒出来28个人呢?我暗自猜想:这可能不是结账的队伍。从这些人的外表看来,他们像是到这里参加旅游团的外地人,正在由向导介绍附近的环境,到这家假日旅馆度假一定是其旅行的一部分。肯定是这么回事,我不打算继续在这个不应该由我排的队伍里等下去了,决定穿过这些旅游观光者,直接走到收银台前。

当我向前走动，穿过这些"旅游者"时，他们中的一些人立刻带着一种不太友好的眼光看着我。大家的目光一时间都齐刷刷地注视着我，我开始感到有些窘迫，不太好意思。我极力掩饰，装作对他们的这种态度若无其事，就好像什么也不在意一样，重新走到队伍的尾端。

站到队伍后面，我拍了拍前面一个人的肩膀问道："你们排队干什么？"

他回答道："结账退房。"

"怎么这时候来呢？"

"这是结账时间，就为这个。"他呢喃细语道。

"你是怎么知道的呢？"我接着问。

"我从房门上看到的，就从那儿知道的。"

这是一个非常重要的回答。这个人正是从旅馆的房门上看到这个醒目的标识，这就是为什么他会在这个时间出现在这里。

我再举一个典型的例子。

某公司的一个职员鼓足勇气走进老板的办公室说道："对不起，老板，我想加薪，我认为自己应该被提拔了。"

这个老板会不会说"不行，不能给你加薪"呢？不会，相反，他会说："你当然应该得到更高的薪水，但是……

第一部分 | 万事皆可谈　谈判是一种才干

（'但是'在这里是'抛开这些不管'的同义词）"老板把报纸放到一边，指着桌子上的玻璃板下压着的一个打印出来的表格，平静地说："非常抱歉，你的薪金已经是你们这个工资等级里的最高标准了。"

这个职员咕哝着："噢……我忘记了工资等级！"然后就退出了房间。

他完全相信那些打印出来的文字，就好像上面讲的东西不容置疑一样。事实上，这个下属对自己说："我怎么能与那张压在玻璃板底下白纸黑字的纸条争辩呢？那可是公司里的人事制度啊。"其实，这恰恰就是老板想让下属说的，也是他们内心所希望的情况。

第三个例子是这样的：

20年前，我在一家房地产公司做法定合约签收工作。人们到我这里来签订买卖合同或者租借合同，并在确认合同无误后签字。大多数人在没有详细看合同内容的情况下就交了他们的押金一走了之。只有极少数人会说："我想在签字之前看一看这份合同，这是法律赋予我的权利！"

我总是会回答说："当然你有权利这么做，到前面来好好看看吧！"看到一半时这个人突然大声喊起来："稍等一会儿！看这儿！按这个契约上所说的在租借的这段时期内，为什么总是我在尽义务？"

这时我会回答："不会吧！这是一份标准合约。你看在左下角有一个合同通用的编号。"

通常那人会说："噢……这是个标准合约。这样的话……"他或者她这时就会签字了，最后他们不得不向那几个打印出来的数字屈服，而这些数字里面明显地具有了某种令人信服的神奇力量。

在极少的情况下如果有人还是犹豫不决时，我会在旁边加句话："公证人是不会同意你更改内容的。"请注意，公证人甚至不会知道他们会不同意更改内容。

其实那些连看都没看就在合同上面签了字的人未必知道自己对契约上的某些条款根本就不赞同。然而，一旦契约方被冠以"公证人"这个名词，它就像是一颗定心丸，让所有这些看起来都是那么合理。从理论的高度来讲，也不能说它就是在欺骗群众，因为没有人愿意同公证人开玩笑。

同时，我们重新回到在希尔斯电器行的那一幕，你站在那里目不转睛地望着标有 489.95 美元价格的标签，心中被一种无名的、不可战胜的力量所吓倒。同样，那些在假日旅馆里的人们，那个要求加工资的员工，那些签署买卖合同的人们，实际上在任何一个场合都不必感到恐慌，每一个情况下的问题都可以通过谈判来解决。

我凭什么这么说呢？因为几乎所有的事情都是谈判的产物，任

第一部分 | 万事皆可谈　谈判是一种才干

何事情都可通过谈判来解决，这当然也包括那个放在冰箱上面的标价牌。

思考了几分钟之后，希尔斯是怎么把这个冰箱的价格敲定在489.95美元的呢？你和我可能同样清楚。那个场景可能是这样的：

> 市场部的人发表意见说："让我们把这款冰箱的价格定在450美元吧，这样就会卖掉一大部分。"财务部的人说："我们必须审慎行事，我们卖一部冰箱必须要考虑从中获利，价格应该定在540美元。"广告企划部的人立刻打断谈话，发表意见说："从消费心理学的角度来讲，把价格定在499.95美元是最合适的。"其他人不耐烦地说："看，我们还有一大堆的商业活动要去运作，我们就不能统一一下意见吗？"

最后协议终于达成了，并采用了一个比较折中的价格489.95美元，这可不是上天定出的价格，这是经过了一个公司各部门的精英人士协商后所做出的最后决定。

许多事可以协商谈判解决，但是这并不意味着你我就应该不断地进行谈判。如果你问我："你在'一口价'商店里讨价还价吗？你在希尔斯讨价还价吗？"我会非常坦白地回答你："我的一个生活准则就是不要去希尔斯买东西。"

我的观点是，你与人谈判与否直接取决于自己，取决于你对下面这些问题的回答：

- 我在这种特殊的情形下能够自如地与人协商吗？是否感到压力非常大？
- 谈判是否能够满足我的需求？
- 谈判中我所付出的时间和精力与所取得的收益对等吗？

你只有作为一个独立的个人，不被立场所影响，并且在思路比较清晰的情况下，基于自己需求做选择，在对这些问题做出肯定的回答后，你才会对是否需要谈判有一个清晰的认识。

你有自由来选择自己的态度，虽然你无法改变你的境遇和能力，但你可以通过谈判进行一定的影响。换句话说，也许连你自己都未想到，你能够更好地扮演自己的角色。你完全能够在塑造自己的生活品位、提升生活格调方面做出更大的努力。

> 涉水行走的秘诀在于首先探明水中的石头所在。
>
> The secret of walking on water is knowing where the stones are.

第 3 章

巧用谈判策略

循序渐进，把对方引到你设计好的场景

我来重新推想那一幕情景，你和妻子以及两个孩子在希尔斯电器行里，站在那个你支付不起的冰箱前面。可是你的确想要这台冰箱，它值得你们花费力气与销售人员谈判吗？

如果你对上一章末尾我提出的问题的回答都是肯定的，那你就应该全力以赴，努力争取。但用什么方法呢？你该怎么说？又该怎么做呢？

营造一种竞争氛围

一开始，不要把自己局限在一个很小的范围之内。不要把你自己当作想买冰箱的人。你应当把自己当作想销售金钱的人。你应该想，金钱只不过是你的一个商品，如果有更多的人想赚你的钱，那么你的钱就会买到更多的东西。那么如何使别人对你的钱感兴趣呢？这就需要你去营造一种适当的氛围。

设想你当时正在希尔斯电器行，一个通过营造竞争氛围来为你省钱的简单途径就是让销售人员知道，他们的竞争对手那里有一款可以与之相媲美，但价格较低的冰箱。事实上，相较于竞争对手希尔斯连锁店，此款冰箱的售价确实更便宜。希尔斯也知道别的电器行的标价可能要比他们的便宜。你可以先找到其他电器行的广告，然后拿出这些广告，指出冰箱的价格，同样的一款冰箱只卖 440 美元，外加 26 美元的送货费，这样你就完全可以与希尔斯的销售人员协商价格问题。

他们开出价格，你得表达愿望

你还有其他的选择，但这些选择必须以满足你的需求而定，不论是真是假，从一般意义上来讲，每一次谈判都是为了满足你的需求。

希尔斯向你开出了 489.95 美元的价格是为了满足他们的需求，但是你的需求又是什么呢？毕竟你处在谈判的另一方。一个完美的谈判结束之后，谈判双方的需求都能够得到满足。

有几种途径可以使希尔斯的销售人员密切关注你的需求。第一种，你可以问："你这个款式的冰箱有哪些颜色呢？"如果销售人员回答："32 种颜色。"那么你继续问："是哪些颜色呢？"当他告诉了你所有的颜色之后，你提高声调说道："就这些颜色啊？难道你们这儿的冰箱就只有这几种吗？"

第一部分 | **万事皆可谈** 谈判是一种才干

当他说:"是的,这种颜色对一般家庭来说都很适合,你应该也会喜欢。你要找什么颜色的呢?"你解释说:"我们有一个很棒的厨房,是经过精心设计的。这种颜色有些太古板了,没有一点新意,好像与厨房不太相配!花纹也和我们的厨房有点不协调!所以我希望你们还是对它的价格做一下调整吧,否则我是不会买的。"

第二种表达自己需求的方法是与之讨论一下冰箱的冷藏室。你会争辩说:"我注意到这款冰箱里配有一种嵌入式的制冰机。"

销售人员回答说:"是的。它会为你提供冰块并满足你24小时的需求,每小时仅花费2美分的电费!多值啊!"(注意他对于你的需求使用了一种毫无根据的假设。)

你可以立刻回击他:"这就给我出难题了。我的一个孩子有慢性咽喉肿痛的毛病,医生嘱咐了:'不许再吃冰块!永远不许!'如果有可能,你能去掉这个制冰机吗?"

他立刻反驳说:"那得拆掉整个冰箱的门!"

你接着说:"我知道……但是我的确用不着它。这个东西应该也很影响整个冰箱的价格吧?"

表达你愿望的第三种方法就是表现出你对这种冰箱造型的不满。可以先谈论一下这个冰箱的门,你要这样说:"这个样品的门都是由左向右开的。可我们家都是左撇子。"如此这般地发表你的意见是为了告诉销售人员你的需求没有得到充分的满足。

你也可以这样问:"这款冰箱准备什么时候降价出售呢?"或者"我是不是错过了销售让利的最佳时机呢?"。这个假设是这样的,如果它不是处于降价期，那么不是已经错过就是还没到，为什么有的人在特价销售时能占到便宜，世上并没有规定说你错过时间就要受到不公平的待遇。

一个讨价还价的技巧：吹毛求疵

要想对商场陈列品的价格施加影响，有一个行之有效的技巧。这种所谓的技巧包含两种方式。

一种方式是，你走到冰箱跟前，急切地检查冰箱的每一个细节，销售人员也许会目不转睛地盯着你看，这时你会小声嘀咕着："我发现这里有点小问题！"

销售人员回答道："可是我什么也没有看到啊。"

你坚持说："这里看起来像是一块划痕……侧面有一个微小的瑕疵。事实上，我注意到当太阳的光线照到它上面时，冰箱的侧面有许多小的瑕疵。有问题的产品难道不该打折吗？"

如果冰箱上面没有划痕怎么办？你可以人为地制造一点（我现在这么说并不是让你违反道德准则，我是在出主意，有些时候为了达成目的就得脸皮厚点）。记得那个抢曲棍球杆的孩子吗？他那记致命一击是否就在冰箱旁边，既然离冰箱这么近，那么冰箱受到撞击是完全有可能的。

第二个方式是在展品上做文章，也就是说如果我要买展品的话，那么在价格上肯定要有优惠。注意，我这里所说的是购买商店内的

第一部分 | **万事皆可谈**　谈判是一种才干

展品,这些展品肯定存在这样或那样的小毛病。毕竟,人来人往地看冰箱,开关柜门,对着冷冻柜和冰盒指指点点也有几个月的时间了。商店里面的陈列品如同搬运工人长年累月的辛勤劳动一样,筋骨肌肉难免会有受损的时候。有鉴于此,你完全可以理直气壮地要求销售人员在价格上给予优惠。

曲线救国:如果一次买 4 台,优惠多少?

你通常可以在讨论的过程中故意避开直接问题,转而提出可能影响整个价格的其他因素,我们可以称之为"迂回战术"。

我们知道,售货员往往只能在非常有限的范围内对价格做出调整,但是他可能会在别的方面有更大的权利,比如他可能在回收旧货方面有更大的自主权。

所以,一种方式,你可以这样说:"好,如果这是你的价格,那么我希望你花 150 美元回收我现在的冰箱,它的样子也是不错的。"

如果销售人员说:"什么?"你马上插话说:"好吧……我再降 50 美元,100 美元怎么样?"

这对冰箱的买卖似乎起不到太大作用,但是在汽车的买卖中却是回回应验。

另一种行之有效的方式就是熟练使用"如果……怎么办?"这样的句式。"如果……怎么办?"这个句式在谈判中往往会发挥出非常大的作用。

比如，你可以这样说：如果我一次买 4 台冰箱，那么有没有优惠？如果我自己提货，不用你们送货上门，是不是也能打折？假如我同时买双桶洗衣机和华夫电熨斗，会便宜点吗？假如在接下来的 6 个月里，我的那些左邻右舍们每月买你一台冰箱，你能便宜多少呢？

你使用了"如果"的问句方式，销售人员可能并不会每次都明确地满足你的要求，但在一般情况下，他十有八九会适当地让利给你。

不要忘记，这款冰箱虽然被商店不容分说地标上了 489.95 美元的售价，但是这里面包括了安装调试费、送货费、售后服务费，每一项都是希尔斯连锁店的经营成本。

你要是可以让希尔斯在这些项目里节省成本，那么商店自然可以使你得到这一部分的补偿。例如，如果你问销售员："标价里含有安装费吗？"他回答说："是的，有。"然后你再接着说："好，我家里有一些工具。我可以自己安装调试，这样是不是就可以免除一部分费用？"

让他耗尽心血，再下最后通牒

如果你的时间很有限，或是你不喜欢与人讨价还价，那么你完全可以直接对售货员说："看……你想卖这台冰箱，而我也想买这台冰箱，那么我出价 450 美元，卖不卖？"

第一部分 | 万事皆可谈 谈判是一种才干

当你转身离去时,售货员会追着你一直到门外的大街上吗?不可能,我想这种情景不会发生。为什么?因为他还没有在与你讨价还价的全过程中投入任何精力,他并不了解你的最终目的是什么,更不喜欢你刚才的无礼举动。所以要想有所收获,必须让谈判的另一方投入时间和精力。

记住这个原理,我们再换一种方式。你在星期一下午2点去一家大型的家电商场随便逛逛,因为这个时候不会有太多的人对家电商场感兴趣。你对这里的家电表现出极大的兴趣,要求售货员介绍所有的冰箱产品,并且详细介绍每款冰箱的性能,从2点到4点,一共花了2个小时的时间。

2个小时后,你竟然说:"我现在还不能决定买不买,等明天我太太看了后再说。"

这个售货员已经在你的身上花费了2小时的时间。

星期二下午,同样是在2点,你和太太来到了商店。找到那个售货员后,他又将昨天的情况向你太太做了一遍演示。最后,你对销售人员说:"在决定之前,我还要带一位冰箱专家来替我拿主意,那就是我的岳母,她对很多种冰箱的性能比较熟悉,我想我应该让她明天过来看一下。"

到目前为止,售货员已经花了4个小时在你身上了。

星期三下午,在你约定好的时间,你陪着岳母、夫人又走了一遍。销售人员只好又重复着以前的工作。

可在这之后,你还是不能做出决定,你咕哝着:"嗯,我还想知道得更多，不能立刻做出决定！"

而这时这位售货员已花了他生命中 6 个小时的宝贵时间了。

到了星期四下午，正如所预期的那样，你独自走到售货员面前："嘿！记得我吗？我想要买台冰箱。"

售货员皱着眉头道："我当然记得。"

你接着说："看，我除了一摞书、一支钢笔和 8 分零钱外，只能付出 450 美元，我想要这个款式的冰箱，是不是可以商量商量。"如果他不是立刻回答的话，你就耸一耸肩，即刻转身朝店外走。

售货员会在后面追吗？当然了。他对这笔生意已经耗尽心血，自然希望从自己所耗费的精力中得到回报，也许他会在后面追着你并且喊道："好啦！好啦！可以，就这样成交了。"

他为什么会接受你"卖还是不卖"的这种方式（虽然你并没有用到这些字眼）？因为你对这个结果进行了精心的设计安排，你让售货员在你身上花费了大量的时间、精力，并且成功地设计了这个美妙的最后通牒。他会在心里默默嘀咕："我已经在这个笨蛋身上花了 6 个小时的时间，他比鬼还精明，算我倒霉，卖了吧！说不上这家伙还会有什么新的花招。"

下面我再举一个例子，在这个例子中，我以男士为例。当然，只要对调一下身份，对于女士同样适用。我的意思是说，当你把男士服装店换成女士服装店，人物、场景换一下的话，这个策略是同样适用的。

第一部分 | 万事皆可谈　谈判是一种才干

谈判进行时
YOU CAN NEGOTIATE ANYTHING

售货员失去耐心，免费领带到手

你走进了市区的一家考究的男士用品商店，想买一套西服。这主要是为了在你的一个重要朋友的婚礼上风光体面一些。由于男士西装领口的宽度每年都有所变化，为了赶时髦，你连皮卷尺都带上了，并准备随时派上用场。

"我可以为你效劳吗？"售货员问。

"当然，当然。"你边回答边若有所思地往前走。

你慢吞吞地挪动着脚步，在每一个衣架中间闲逛，不知不觉已经过去了3个半小时。你不时地量量衣领宽度和口袋大小。售货员一直跟着你不敢离去，因为你不停地问有关西服肩的宽度、衣袋宽度、袖子的风格、袖口的设计以及这个款式一共有几个纽扣等。你还反复地问着："这套西装是欧洲的裁剪方式吗？这种样式会流行多久？"当他以专业知识回答以后，你又反问："你所说的都是真的吗？"

你把这里的西装都问了个遍，详细检查了39套，看了78套西装的翻领。就在你乐此不疲、不断询问和试穿的过程中，售货员开始有点失去耐心了。这时你发话了："我想要那套牌子叫'先吉自由人'的西装，标价378美元的那套。就在那边，挨着淡色条纹款的那一套。"

售货员轻松地喘了一口气，试图保持冷静耐心的态度。

他低声地说:"请随我到这边来。"他带着你来到后面裁剪处的一个小试衣镜前,通常裁缝们是在这里为客人做修改的。在脱去身上的外衣之后,你换上了这套即将买下的"先吉自由人"西装,并站到一个小木箱上,对着镜子前后左右地仔细端详起来。在你的旁边,那个一直陪着你的售货员,此刻正稍感轻松地填写着销售小票,对着标价计算他可赚到的利润。

当你正在台子上转动着身子照镜子时,在右下方,一位年长的老师傅正弯着背,弓着腰,嘴里叼着几枚大头针,脖子上挂着一根皮尺,专心致志地修改一条裤子。他从嘴里取出了5枚别针将它们别在了衣料上。一会儿,他又在裤子的后面用粉笔画了一个"X"形,打算将臀围再收紧7.6厘米左右。他一边不停地忙碌着,一边还没忘记对你的西服进行评价,带着一种你从没有听过的口音:"这真是一套不错的西装,穿在你身上格外漂亮。"这个老师傅无论说什么都带着这种腔调,后来才想到这可能不是口音,而是他嘴里有大头针所以说话不清楚。

这时,你转过头去,很平常地对售货员说:"有没有附赠领带什么的?附赠什么款式的呢?"听到这儿,售货员停止了计算,望着西装师傅,老师傅也茫然地停下工作,抬起头,好像不知道是应该把大头针别在布料上还是给西服用粉笔再做其他记号。他放下裤子,那上面刚准备收紧的臀围又松开了。

第一部分 | 万事皆可谈　谈判是一种才干

一阵懊恼之后，售货员会怎么想呢？他小声嘀咕着：这家伙耗费了我3个半小时的宝贵时间，到现在我连口咖啡都没有喝上。替他试穿了39套西装胳膊都累酸了，给这个傻瓜量了78套西服的领口。得了呗，这都不算，费了我这么多精力，我从中又得到了什么？现在又要我赠送领带。

我能从中捞多少钱呢？嗯，一共370美元的售价，从中我能得到60美元的服务费，再自己掏7美元买条领带送给这个蠢货好了，唉！下次别再让我见到他了。

你会得到免费的领带吗？会的！你会得到售货员热诚的服务以及真心的珍视与尊敬吗？那是另外一回事。他赠送领带是形势所迫，并非是自愿付出，也绝不会是出于对你的好感。

如果这个销售人员没有投入大量的时间和精力，这种方法还会生效吗？当然不会。谈判成功率是和双方所花的时间成正比的。有耕耘才有收获，进行任何谈判，都要循序渐进，把对方引入你设计好的场景之中。你最初的意向是要得到广泛的支持，就好像十分渴望得到帮助一样。

善于示弱：看似愚笨的一方往往占到便宜

在谈判的过程中，表现出你什么都不知道与显得你什么都知道会导致截然不同的结果。一个精明的谈判家是处处寻求帮助，不厌其烦地询问对方以获取信息。而你可以想一想某家公司的高级行政人员，或者是政府部门的工作人员，他们就经常表现出一副什么都知道的样子，正是他们这种不可一世的样子，往往能够给人留下深刻的印象。

这些给人留下深刻印象，经常被人们议论的高级官员，外貌都大同小异。他们的脑袋上都长着充满智慧的头发，下巴圆乎乎的，嗓音低沉而有磁性。他们同别人握起手来十分有力，仿佛能把你的手指捏碎。走起路来通常是健步如飞、阔步向前、神气十足。人们看见了都会说："瞧，那边，大领导来了！"而他也会经常嚷嚷："见到你很高兴！"谁知道他说的是真话还是假话。

深夜，如果你在他过量饮酒、疯狂玩乐之后，把他从被窝里叫醒，他就会像木偶一样从床上蹦起来，然后大声说："咳！大领导起床了！见到你很高兴！"

如果你接着问他："告诉我，你脸上长过疙瘩吗？"他会回答你："哼！你看，我脸上怎么会长那玩意。"

这个听了令人感到老套的例子完全是虚构的，这些领导的举动就像鸟儿一样，因为他们处在围城之中难以跳出，他们已经被自己打败。他们满嘴讲的都是大道理、专业理论，他们这种不懂装懂的态度已经决定了自己不会再有任何进步。对于我们来说，我想还是应当有苏格拉底什么都不懂的态度，我们应该时不时地一连串地说着："我不会……帮帮我行吗？"

承认自己并不是事事皆知会大大提高你的亲和力，而且会让别人更加容易接受你的意见。

第一部分 | **万事皆可谈**　谈判是一种才干

在谈判中，看似愚笨的一方往往能够占到便宜，口笨语拙的一方往往胜过伶牙俐齿的一方，这就是所谓的大智若愚——以拙胜巧。所以我们要经常尝试着训练自己去说些："我不知道""我不懂""我不清楚你的意思""帮帮我"这样的话，用这些语句来帮助你达成目的，满足自身的需求。

试着回想你曾经是如何与那些你以为是反应迟钝的人进行谈判的。你那经验老到的论述、道理，灵活的比喻，令人信服的数据，都生效了吗？面对他们，再精彩的大道理，再天花乱坠的数据都等于零,都等于是对牛弹琴。显然你的才干在这种情况下完全失效，或者说是白费力气。

有过和语言障碍者交谈的经历吗？这样好了，打比方说：我现在正与你交谈，而你是有口吃的人，不论是真的还是装出来的。

我可以这样说："好，你说我们要如何才能达成协议？"

你回答道："第……第……第……"

我说："别急，你想说什么？"

你回答道："第……第……第……"

我说："第一？"

你点头表示同意。

"好吧，第一什么呢？"我问道。

你接着说："价……价……价……"

我说道："你的意思是指价钱吗？"

你点头。"好的，现在我们继续第二个问题？"我说道。

你说:"品……品……品……""品质吧?"你点头。第三、第四……如此这般。

你说了些什么?什么也没说。我呢?我在做什么?我在帮你同我谈判,我在耗费大量时间使你成为控制全局的中间人物。

我妻子曾问我,为什么每次我回答盲人的问话时,总是要提高自己的音量,又不停地比画着。为什么?这是一种无意识的行为,我是急于想替他们解决问题。

弱者在谈判中往往能够达到目的。假设一家大银行通知贷款人已超过了分期付款偿还利息的期限。这位贷款人回答道:"接到你的电话真好,我的财务刚出现了危机,如果你能降低利息并且允许我延后一年再付的话,我就可以避免破产了。"

借贷人这种软弱无助的境地,直接削弱了银行作为债权人的借贷力量以及协议交易的能力。事实上,遇上这种无力偿还的情况,谁都无能为力,不得不妥协。

装糊涂:检查一下"说"与"听"的实际比例

尤其当你与不同文化背景、不同地域的人进行谈判交易,语言往往成为影响沟通的主要障碍。

特别强调这点的原因,是因为多年以前我领略了三位日本绅士代表日本航空公司,用这一策略成功地对付了一大帮经验丰富的美国公司代表。

第一部分 | **万事皆可谈**　谈判是一种才干

谈判进行时
YOU CAN NEGOTIATE ANYTHING

"不懂",让对方崩溃到妥协

谈判一开始,美国公司代表就以压倒性的大量信息和数据淹没了日方代表。会议从早上8点开始,进行了两个半小时。美国公司代表使用了图表说明、电脑辅助计算、幻灯演示以及各种数据资料来询问日方的价钱,我当时也在会议室的谈判桌旁就座,就连迪士尼乐园也没有这里热闹。

在整个杂技演出式的谈判过程中,三位日方代表只是静静地坐在一旁,一句话也没说。

终于,美方代表容光焕发地完成了演示,脸上带着期待以及心满意足的神情。此刻,一位美方的谈判负责人关掉机器,重新打开电灯,转向一直保持沉默的日方代表:"那么……你们认为怎么样?"

一位日本代表彬彬有礼,他面带微笑地说:"我们没有看懂。"

美方代表的脸色霎时变得惨白:"你说看不懂是什么意思?你们看不懂什么呢?"

第二位日方代表礼貌地微笑着说:"全都没有看懂。"

我在一旁观察这位美方发言人,他好像一副心脏病随时就要发作的样子,耐着性子继续问:"从哪里开始不懂的?"

第三位日方代表以同样的方式慢慢答道："当你将会议室的灯关了之后，也就是演示一开始。"

美方代表松了松他那条名牌领带，将身子斜倚在墙边，喘着粗气问道："你们希望我们怎么做？"

日方代表异口同声回答道："请你再重复一遍。"

这时谁是鱼饵？谁又坐到了权力核心的交椅上？是谁在愚弄谁？谁又能将秩序混乱而又长达两个半小时的介绍重新进行一次？谁还会有最初的那种耐心与激情？美国公司最终在精疲力竭的情况下达成了协议。

从中我们可以得到这样一个启示：绝不要太快地表现出自己什么都明白似的，更不要在事情刚一开始之际就急于证明自己的聪明才干。检查一下自己说与听的实际比例，要学会多问问题，做到多问少答，即使有时候你可能知道答案是什么。

此外，当你向他人寻求帮助时，可能会形成一种互惠的友好氛围。在你接受帮助的同时，对方也相应地投入了一定的时间和资本，这对于你来说无疑是非常有利的。

我只有这么多，请帮帮我吧！

在前面所讨论过的几个例子中，我们曾经提到过最后通牒的使用。最后通牒被广泛运用，比如父母不是经常给孩子"最后的

第一部分 | 万事皆可谈　谈判是一种才干

劝告"吗？再比如说城市宵禁令或者是某个工会同当局进行谈判。应该说很多事情都能找到最后通牒的影子。

要想成功使用最后通牒，必须遵循以下4条原则。

最后使用原则。对方必须别无选择，或者说他们必须有所投入以至于不会在游戏中途收牌走人。他应该毫无选择地按你的要求来进行投资。这就好比蛋糕必须先送进烤箱烘焙成型后，才能在上面加奶油。因此，最后通牒只有在谈判行将结束之时才能使用，而不是刚刚开始就贸然摊牌。

和言细语原则。绝不能使用轻视或强硬的语气来侵犯对方，婉转的语气总是比较容易接受的。强硬的最后通牒，例如："卖还是不卖！"是绝对不可取的。轻柔的最后通牒往往是令人精神愉悦的，简简单单、轻轻松松地就陈述了你的现状。比如："我绝对信任你的推断，也知道你处境很困难，当然所有的要求都是正当的，但是我只有这么多，请帮帮我吧！"

真凭实据原则。捍卫你最后立场的比较聪明的做法，通常是使用书面的文件规定或者是引用法律上的条款。这要预先准备好一些证据以支持你的理论。比如："你当然应该得到这个报酬，我也希望我能付出，但是，我的预算就只有这么多！"

另一个可以参照的例子："这会违反法定的薪资规定""组织不允许我这么做""这与公司的制度不符"等，都是一些非常有效的招数。

即使没有凭据支持，像下面的对话，也常常能够听得到，它也影响着我们，如："可是，我所有的朋友都要去！"，"我要是答应了，所有人一定会要求同样的待遇"。

有限范围选择原则。千万不要将对方逼进毫无选择的死胡同。绝对不要用"要还是不要"的口吻。至少，应该向他们提供两种选择，但其中一种选择明显是不可取的，而另一种选择则是合情合理的。要尽量让两种选择之间产生鲜明的对比。

比如说我想聘请你担任公司里的某个职位，你希望有 5 万美元的年薪。可我顶多只能付给你 3 万美元。

我能对你说"你是接受还是不接受！"吗？不行，这样说带有一定的侵犯性。相反地，我对你说："以你的学历和经验，5 万美元的薪水是合理的。但是由于公司制度的限制，我只能付给你 2.8 万美元到 3 万美元，你要求多少？"

显然地，你会回答："3 万美元吧！"

我争辩着，像是你的要求已经触及了我的底线："2.9 万美元行吗？"

你还是回答道："不，最少 3 万美元。"

我叹了口气，然后让步道："好吧，既然你这么坚持，3 万就 3 万吧！"

这种有限范围内的选择技巧，在 1977 年 8 月，环球航空公司飞机遭劫时曾起到过巨大的作用。

　　一伙来自克罗地亚的暴徒劫持了一架从纽约飞往芝加

第一部分 | **万事皆可谈** 谈判是一种才干

哥的航班，劫机犯更改了飞行的航线，飞机转而经由蒙特利尔、纽芬兰、香农、伦敦，最终停在了巴黎郊外的一个机场。在等待加油时，法国当局下令击破飞机的轮胎，这架飞机暂时无法起飞了。

飞机在跑道上停留了3天，最后法国警方终于用了我的理论，让恐怖分子做有限范围内的选择。部分谈话内容是这样的："听着……美国警方已经抵达，你们如果现在同意投降，将人质交还美国的话，最高判你们2~4年的监禁，这是最多的了。当然或许只有10个月就可以放出来。"

又等了一会儿，在给劫机分子一段时间的考虑之后，法国警方又继续说道："你们若是被我们逮捕的话，依据法国的法令，会被判处死刑。好吧，现在……决定如何？"

相不相信，劫机分子最终决定投降，并愿意接受美国法律的制裁！

第二部分

建立优势

抓住要领,步步为"赢"

要想在谈判中取胜,你需要掌握那些决定谈判成败的关键要素:力量、时间、信息。

> 无助是因为无知。我们不理解的东西，是无法掌握的。
> —— 查尔斯·里奇

> Unreality is the true source of powerlessness. What we do not understand, we cannot control.
> —Charles Reich

在亚瑟·米勒所出演的《推销员之死》一剧中，有段令人感触颇多的对话。当可怜的威利·罗曼转向他富有的哥哥问道："噢，本，你是如何获得成功的？快告诉我你的秘诀。"

对所有人而言，不论你是胜者还是败者，都同威利一样，渴望知道关于成功制胜的一切秘诀。

如果把人生看作一场游戏，那么谈判就是你在这场游戏中打开胜利之门的金钥匙。从某种意义上讲，要想获得胜利，就必须了解游戏的全部规则。

一开始你就必须面对现实，一切从实际出发，要反映事情的真实面貌，而不要仅从表面判断就轻易下结论。对于人们来说，最寻常不过的莫过于有选择地看待他们面对的情势，并通过各自不同的价值取向来进行判断。判断事情必须客观，不能仅从主观因素出发，也就是要学会如何去客观、全面地思考。

从主观出发去看问题是一般人的通病，也常常是造成错误印象的根源。尽管谈判中的参与者不同，谈判的具体情况不同，谈判所处的形势不同，但是每个谈判都概莫能外地包含三个方面的要素。

你可以试着在头脑中描绘这样一幅情景：在一个烟雾弥漫的屋子里，几个表情好像有些严肃的人围桌而坐。现在已是深夜时分，他们在此为何？看起来像是为了解决什么问题而在进行一场斗智斗勇的谈判，而且按照惯例谈判正有礼有节地进行着。究竟谈一些什么呢？很可能就是关于政治、桥牌或是某个正在确定要讨论的内容。

不论是政治、桥牌还是谈判，除了握有一副好牌是制胜的关键，还要学会分析整体情况，准确掌握并判断局势，这样才能使牌出得有技巧、有水平。即使你处于最佳的状态，有最干练的手腕，也要对所有可能发生的因素深思熟虑，只有这样才能有所收获。

你瞧，要想在政治、桥牌或谈判中影响对方，使结果改变，必须做到知己知彼，做到对各方面的情况了然于胸。我们可以发现在一场谈判中，有三个最具普遍意义的要素：**力量、时间、信息**。

> 能或者不能，都由你自己说了算。
> —— 亨利·福特一世
>
> If you think you can or you can't, you've always right.
> ——Henry Ford Ⅰ

第4章

相信自己

决定成败的关键力量

在前面的部分中，我曾将力量定义为解决、处理问题的能力。我们也可以认为是控制他人行为、控制事件进展以及驾驭形势的能力。从这一点来说，力量没有好坏之分，也没有道德不道德的嫌疑，没有宗教色彩，更没有立场倾向，它完全是一个中性的词语。

力量还是使你从一地移动到另一地的一种方式。比如说，你现在停留在甲地（也可以认为是你正处的一种局面），想要到乙地（也可以认为是你的目标、目的或目的地），那么力量可以让你从甲地移动到乙地。力量可以使你改变现状去到达目标的彼岸。

力量从另外一个方面来说，又是一个具有让人不快的内涵的概念。为什么？因为它暗含着主仆的关系，由一方支配着另一方，而从生活的现状中我们无法清晰地把握这种主仆关系。知识分子们通常对力量一词感到不满，这里大概有两方面的原因：

第一，他们不喜欢诉诸力量的途径。力量的使用往往含有一种可操纵的、强制的或是可支配的手段，这也就是说力量经常被一方掌控，而不是单独地施加力量。因此，力量常常为恶势力所利用，有时甚至被滥用，往往带来严重的后果。

第二，他们对使用力量达到的目标产生怀疑。如果想要达成的目标被认为是腐败性质或者是剥削性质的，那么不论对力量的使用多么有效，其结果也是人们无法接受的。

除了这两个原因之外，我想应该不会有别的方面的原因反对力量的使用。力量永远不能成为追求权势的工具，而应该是帮助你从甲地移到乙地的一种动力。如果我们从使用力量所要达到的目的进行分析，那么力量的使用可能会结出甜美的果实，同时也可能结出苦涩的果实。但是从本质上说，力量只不过是达成目的所必需的类似于风、电的中性的自然外力。这种逻辑非常简单，我们不能因为有人受过电击，就说电是有害的东西。空气，是组成风的元素，不能因为它有时会以台风的形式出现，就"谈风变色"。我们需要空气中的氧气，没有它，人类就无法生存。我们需要力量来保护自己，使我们获得能够支配自己生活的感觉或者能力。

力量的来源是无穷无尽的，因此，我们可以用它来使自己得到想要的东西，过上自己心中期待的生活。

也许你会遇到不公正的事情，不论是你自己遭遇到还是你看到别人遇到，你都需要使用某种力量来维持正义。但是如果不具备这种力量，那么，你就会感到无能为力。

在今天的社会中，如果有人总是觉得自己差人一等，无法摆脱自卑的困扰，那么，对于整个社会来说都是一大不幸。那些"低

第二部分 | **建立优势** 抓住要领，步步为"赢"

能之人"被人们视为烫手的山芋，经常被抛来抛去，换句话说，其他人需要花额外的精力去照顾他们。更有甚者，他们会逐渐成为一个严重缺乏自信的弱势群体，在一种恶性循环下丧失了学习能力，连独立生活也会成为问题。这种倾向已经成为当今世界的一个普遍问题，其中某些症状正在引起生产力的衰退和暴力的增长。

利尼特·弗洛蒙的悲剧就是一个很好的例子。她曾试图行刺杰拉尔德·福特总统。被捕后她解释说："当周围的人把你当作孩子看待，对你的言行熟视无睹，那么你必须做一些引人注目的事情。"

利尼特的所作所为是由精神错乱引起的自我毁灭的结果。她为自己的行为所做的解释完全不符合人类的伦理道德、行为规范，她完全忘记了用正当合法的方式呼唤大家觉醒。她并不明白不论是出于什么目的，犯罪永远是令人唾弃的行为。

力量从本质上说是一个中性的东西，它更像是一种手段，而不是结果。对于维持心理的健康甚至是人们的生存来说，力量是必不可少的，只要你感觉得到，力量就能发挥作用。

现在我举例说明，为什么力量在你感觉得到时就能发挥出来。

谈判进行时
YOU CAN NEGOTIATE ANYTHING

成功讨要万宝路香烟的囚犯

我们设想有一个被单独监禁的犯人，为了避免他的自残行为，监狱暂时没收了他的鞋带和腰带。充满自卑的犯人在牢房里无助地走来走去,由于没有腰带,再加上体重减轻了很多,他只能用左手拉着裤腰。突然间,他闻到了一股再熟悉不过的香烟味——万宝路,他最喜爱的牌子。

犯人通过门上的小孔,看到守卫正在走廊里惬意地抽着香烟。这一幕强烈地刺激着他的每一根神经。为了要根香烟,他急迫地敲着房门。守卫慢慢地踱步过来问:"你要干什么?"

犯人回答:"求求你,我想要支香烟,就是你抽的这种万宝路。"

守卫错误地认为不满足这个犯人不会导致任何不利的后果,因为他已经身陷牢狱,于是守卫并没有理会犯人的要求,立刻转身离去。

但是犯人并不这么想。他知道他的选择,他愿意冒险去达到目的。于是他用右手重重地敲打着房门,当然这有些冒险。

守卫一边吞云吐雾,一边转头问道:"你又想要什么?"

犯人回答道:"谢谢你,请你在30秒内给我一支烟。如果超过这时间,我立刻就以头撞墙。监狱警官把我从血泊中救醒后,我肯定会说是你干的。也许他们不会相信我,但是你也得想想你的遭遇,你会被一次又一次地问话,需要写一篇又一篇的报告来澄清你与此事无关。或许你不在意这些,但是如果你给我一支万宝路香烟,这些无谓的烦恼都会在我点燃香烟之后烟消云散,并且,我答应你绝不再添任何麻烦。"

第二部分 | **建立优势**　抓住要领，步步为"赢"

> 守卫会从房门的小孔塞支烟给他吗？当然会！会替他点火吗？会！为什么？因为守卫很快做了分析，其中的得失替他做了决定。

不论你遇到什么样的情况，就像守卫处于完全合法的地位，与左手拉着裤腰的阶下囚对峙着，在身份差别如此悬殊的情况下，犯人通过运用某种力量使自己的需求得到了满足。他不是想要一支万宝路香烟嘛，最终他确实得到了。

理论上说，你完全可以获得任何想要的东西，但这必须基于以下条件：你必须清楚你的选择、必须审视你的推测、必须在掌握大量信息的基础上尽可能精确地计算风险，你还必须相信你有足够的力量。

我说的这些方法乍一看几乎简单得可笑。但是你必须坚信你拥有力量，只有这种坚定的自信才能影响别人。正是你的自信决定了对方对你的反应。

简而言之，力量就是要让别人觉得你完全有能力去影响他，不论是帮助他还是伤害他。力量，如同美丽一样，取决于旁观者的眼睛。但是力量的使用完全取决于你。

说到力量取决于旁观者的眼睛，不知你是否记得《绿野仙踪》这部电影。在这部影片中，有一个人就运用了无穷的力量：那个伟大、坚强、拥有法力的智者。当桃乐西及她的朋友想要从巫婆手中偷取魔帚之时，智者让她们费了许多时间，经历了许多危险的事。

她们冒着危险听命行事，是因为她们相信智者的法力。

而在电影结束之前，当托德（那只狗）扯下布帘，赫然发现，帘后哪有什么智者？只不过是一个抽着烟、发着鼾声的老怪物。其实这老头根本就没有任何法力，他的法力完全是因为大家相信他有而产生的。在真相大白之前，人人都认为他先知先觉，具有无穷的权威。

不同于智者，你必须相信自己的能力，而不必去通过虚构的方式展现你的能力。因为你所拥有的力量，要远远超出自己的想象。

获得金钱的"伯特·兰斯原理"

有时候，你为了达到目的必须营造出充满竞争的氛围。你在希尔斯连锁店的做法就是一个很好的例子。你应当尽可能地使商场认为你的钞票不是能够轻易赚来的，这也就是说你通过营造竞争氛围提高了你手中钞票的实际价值。因为想要赚你钱的人越多，你手中握有的价值也就越高。

这个方法不仅可以应用在商品或者服务上，而且对买卖双方来说，这都是一个必须树立的重要观念。假设我是你工作中的上司，你冲进我的办公室说道："赫布，我有个非常不错的主意，一个充满新意的构想！"如果我问你："你和其他人讨论过吗？"你回答道："有啊，我和其他部门的一些主管谈过，但是他们不太感兴趣。"这样的回答能引起我对你的这个方案的注意吗？当然不可能。在这个例子中,就是因为对你的方案感兴趣的人太少,因而它的价值大大缩水。

但为了很好地应对我,你回答道:"哦,我跟许多和你同级的主管都提到过这个方案,他们对此都很感兴趣,想知道更多的细节,因为这个方案听起来确实有些与众不同。"对于你的这个回答,我的反应将是:"请把门关上,坐下,详细告诉我到底是什么主意!"为什么同一个方案会受到两种截然不同的待遇呢?因为如果有很多人对这个方案感兴趣,势必在无形中造成了竞争的局面,从而使方案的价值大大提升。

我们来继续讨论竞争的力量。当你去找工作的时候,是已经谋到一份工作时找起来容易还是在失业时找起来容易呢?答案当然是在你已经有一份工作的情况下再去找工作相对来说容易一些。

让我们来设想一个下面的情景:

你正在为寻找一份工作而不停奔波。出于种种原因,你已经有1年没有工作了。我正在核查你的求职档案并且礼貌地问你:"在过去1年的时间里,有没有通过做一些事情使自己更具有竞争力?"

你清了清嗓子,然后说:"基本上没做什么",你接着又告诉我你基本上是一直待在家中工作的工程师,或者是一个顾问什么的。

听了你的回答后,我说道:"谢谢你,我再与你联络。"

这时，你已经因为焦虑而失去了应有的冷静。你脱口说道："那到底是什么时候，能不能告诉我哪一天？"

我马上就会发现，你心中的压力非常大，因为你没有选择的余地。我会想到："一个没有人要的雇员，他的工作能力会大到哪去？"于是我面无表情地回答道："我们公司会在最短的时间内与你联络。"

你抿了一下嘴唇问道："那么到底要多久？"

我试图在僵硬的表情上稍微加上点笑容："这又有什么差别？反正你没有什么事情可干！"

我们再来假设另外一个情景：

你需要一笔贷款。在今天的社会经济环境中，你知道和你生活水准差不多的人，总是会或多或少有入不敷出的情况发生。

那么银行会主动上门为你提供贷款吗？不可能！

在经历了多次思想斗争之后，在多次的拖延敷衍之后，你终于鼓起勇气，走进当地一家银行的贷款部门。你怎么向他们说明你的想法呢？是用一种卑躬屈膝的口吻，求得他们的怜悯吗？"请你帮助我，我现在已经是穷困不堪。我和我的家人已经深深地感受到破产的恐惧。我没有任何东西可以抵押，甚至无法偿还你的借款。但是你的善心，

第二部分 | 建立优势　抓住要领，步步为"赢"

可以替你的来世积德。"这样低三下四地乞求肯定不会产生好的效果，你的需求当然无法得到满足。

在这儿我提供给你一个非常好的方法：如果你是男士，穿上一身高贵体面的灰色西服。如果你是女士，穿上稳重大方、不落俗套的礼服。戴上昂贵的金表，名牌的钥匙链，你要能借到这些东西也行。最好拽上三位朋友当你的侍从，和你的穿着一样。你们走过银行大厅，用一种让四周的银行职员听了会浑身发抖的声音说道："让开，像我这种顶级行政人员，不需要你们的臭钱！别挡路，我要去寄信。"你如果这样做的话，银行贷款部门的人会追着你一直走出大门，并不停地向你推荐他们贷款的优惠条件。

事实上，我正在描述的是获得金钱的伯特·兰斯原理。大家记不记得伯特·兰斯？伯特·兰斯是卡特政府的联邦预算主管。他正是借着"我不需要你们的臭钱"的敛财法，从41家银行贷了381笔款，总金额高达2 000万美元。为什么银行会彼此间展开竞争，将数额巨大的款项借给兰斯？我想至少有以下三方面的原因：

第一，因为其他银行都纷纷借钱给他，足以证明他的信用非常可靠；

第二，银行认为他不需要钱。由于兰斯经常表现出不耐烦的样子，更使银行认为兰斯答应贷款是在帮助银行，给他们一个机会；

第三，最重要的是，兰斯有很多选择余地，这就使银行之间不可避免地产生了激烈竞争。银行之间竞争的结果是，被迫向兰斯提供最优惠的条件供他选择。这就是营造竞争氛围的作用所在，可以达到"鹬蚌相争，渔翁得利"的效果。

如果银行知道兰斯是多么迫切地需要贷款来偿还另一家银行贷款，那么兰斯立刻就会走投无路。

我要指出的是，兰斯清楚地认识到他有很多选择，并且能够将他所有的选择纳入自己的资产中善加利用。他在自己营造出来的氛围中获得了好处。因此，你也应当尽可能地营造使自己获利的竞争环境。最重要的是，千万不要只有一个选择就贸然闯入谈判的迷局之中。如果你不听取我的告诫，真的这样做的话，对方对付你就会易如反掌。你需要从我给你举出的案例中吸取教训。

挑战法定力量

另一种你可以灵活运用的力量就是法定的力量。

在我们的社会中，人们似乎对所有的印刷品都有着敬畏的心理，尤其是由一些授权的法定机关印制的条款、规章或是标志，更是具有很强的权威性。大多数人对它们深信不疑。

我告诉你，在你的一生中，你要竭尽全力用自己的智慧、力量进行每一次谈判，而在谈判中，你可能会遇到一些像印刷品这样的权威给你带来的压力，为了使你在谈判中获胜，你完全可以向这些所谓的权威提出异议甚至向它挑战。而当这些印刷品对你的情况有利时，你则应当充分运用它来达到你的目的，满足你的需要。

第二部分 | 建立优势　抓住要领，步步为"赢"

我刚才说到的这一点极其重要，因此我还要重复一遍：法定的力量在某些时候是可以被质疑的，但是当这些法定的力量对你有利时，你则应当充分运用它来达到你的目的，满足你的需要。我自己就曾有过对法定的力量进行挑战的成功经验。

谈判进行时
YOU CAN NEGOTIATE ANYTHING

美国国税局挑战不得吗？

3年前，美国国税局通知我去面谈，共同审核我的退税款。我买了一幢房子，并且依照自己的方式来计算折旧率。根据我的资料，应该是20年。我说的20年，也就是我填在表格上的数字。审核员则说是30年的折旧率，国税局的审核员审查税表时说，根据资料，这幢房子应该以30年来分担它的折旧率，但是我仍然坚持说是20年。

审核员皱皱眉头，伸手从抽屉里拿出一本书，翻到一个条款时他指着说："自己看，是不是30年？"

我起身绕到桌后，边看条款边问："条款里有提到我的名字吗？"

他答道："当然没有！"

于是我反驳说："那这本书中的条款不适合我现在的情况。"

为了强调我的理由，我从他身后的书架上抽出好几本书。

他大声地说："你在干什么？"

我答道:"我在找适合我的书,有我的名字及房产记录的书。"

审核员说:"请你把书立刻放回去。你怎么能和这些规定的东西争论呢?"

我问:"为什么不能?"

他做了个奇特的表情,说:"因为以前从未有人对此有过异议!"

想一想我成功地向这本书——法定的力量进行挑战的过程。它是美国众议院定下的法律?当然不是。那它是不是上帝的指令?当然也不是。它只不过是美国国税局的档案资料,是众人讨论后的结果,是经过交谈研究后采用的一种方式。既然它是通过交谈、研究后产生的结果,那么它现在也就是一件可以谈判的事情。

这儿还有一个受到法定力量影响的例子。《艾伦·冯特的相机》多年来一直是档非常受欢迎的电视节目。这个电视节目的内容主要是说明法定的力量会对大多数人产生难以置信的影响。不论这些人是男是女,受过何种教育,有什么背景。其中的一集,讲的是几年前,艾伦将特拉华州封闭了有一个半小时之久。这是怎么回事?原来它在快到特拉华州的高速公路上竖了一个巨大的标志,上面写着:"特拉华州封闭"。

结果,通往特拉华州的高速被堵得水泄不通,一些不明情况的驾驶员走到艾伦跟前问道:"嗨,你知道是怎么回事吗?"艾伦一边偷偷地将眼前的景象摄入摄像机中,一边答道:"你不会看标志啊?"

第二部分 | **建立优势** 抓住要领,步步为"赢"

那些司机愁容满面,他们挠着头,撇着嘴。其中一人问道:"你知不知道什么时候再开放?我就住在特拉华州,全家人都在等我。"

无疑,法定的力量在我们的社会中发挥着极其重要的作用,扮演着非常重要的角色。用你的智慧把它纳入你的力量之中,虽然有时要有所冒险。

聪明的冒险者容易抓到机会

在谈判中,你必须有冒险的准备和勇气,当然你的勇气是建立在具备基本知识的基础之上的。你如果不愿抓住一些机会进行适当的冒险,那么对方就会很容易将你玩弄在股掌之中。正如菲利普·威尔逊说的那样:"要想让老虎机尽情地吐出硬币,你首先得放一个进去。"

在我最近的一次演讲中,一位名叫史密斯的先生在休息时走到我跟前说:"赫布,能听到你的演讲,对我来说真是非常幸运。但是我现在遇到了麻烦。我现在正准备搬家,也看中了一套房子,每个人对它都非常中意,但是有个难题。"

我看着他说:"是吗?"

他继续说:"是呀,卖方要价 15 万美元,但我们只准备了 13 万美元。我怎么才能花 13 万买到这套房子呢?请问你可以帮我想想办法吗?"

我问他:"如果你没买到那幢房子的话,怎么办?"

他答道:"你开玩笑,买不到那房子我妻子可能会自杀,连小孩都会离家出走。"

我接着问:"嗯,那么告诉我,你很在意家人的感觉?"

他回答道:"当然啦,赫布先生,我非常爱他们!我愿意为他们做出一切!可是,我不得不迫使卖方降价。"

现在我们来猜一猜,史密斯先生最后付了多少钱买那套房子?他是花了13万还是15万?你猜对了,他付了整整15万。就以他的这种情况来说,没有付16万就已经很幸运了。那套房子对他的意义实在太大了,他无法去冒失去那套房子的危险。史密斯先生因为太在意而不能承担风险。

如果他并不那么在意,或者是对其他的房子也很感兴趣,那么他就会以一种可要可不要的态度来对待这套房子。这样的话,冒点风险也许会使卖主降低售价。所以必须记住:如果你觉得你必须得到某样东西时,你很可能会付出最高的代价来获得它。因为你无形中会把自己放在被人操纵的位置上,任由别人摆布,而你自己却毫无回旋的余地。

聪明的冒险者都知道如何计算胜负得失的比例,并且熟谙"输赢乃兵家常事"的处世哲学。你应当想想,大不了你按照对方的要价付账就是了。

第二部分 | **建立优势**　抓住要领，步步为"赢"

当然，我说你必须有冒险的勇气，并不是让你把银行所有的存款都放到赌桌上去，这种有勇无谋的冒险只能给自己带来更大的危险。我不是让你去碰运气，结果一败涂地。在这里，我只是建议你应当适当地、有步骤地去试试你的机会。这中间有一个原则，那就是你并非一定要承担风险。

我现在就来举例说明如何计算成败和得失，并且建议你如何更加有效地运用冒险这个手段。

谈判进行时
YOU CAN NEGOTIATE ANYTHING

没人傻到拿全部身家赌硬币

在我的一次公开演讲中，我站在人群前面，手中拿着一个硬币说道："我现在要和大家玩一个传统的游戏。现在我要丢这个25美分的硬币，只丢一次。如果你猜对了是正面还是反面，你赢我100万美元，否则你输我10万美元。"假设赌博是合法的，而且我非常认真。那么你想想看，现在有多少人愿意参加这个赌博？

通常情况下，没有人愿意参加这场赌博。我扔了一下硬币，看了一眼，放回口袋。我接着说道："我来分析一下，当我提议这场赌博时你们的心理活动。你们一定会想这人在输赢各半的赌博中却提出十赔一的赔率，虽然他是谈判方面的专家，但在概率学上他简直一窍不通。"

多数人点头同意。我继续说道:"有人想到赢了之后会是什么情景吗?一下子赢100万美元,在这之后要做什么呢?把这么多的收入藏起来不报税,然后到塔西提岛去痛痛快快地玩一下?不,你们决不会这么想。你们肯定在想输了怎么办?输了一下子到哪里去找那10万美元,从现在起到下次领工资前连过日子都成问题!"

很多听众听完后会心一笑。我继续说:"我可以想象得到,你们中的某些人回家后一定会告诉妻子这儿发生的一切,并且会问妻子家里最近怎么样,有没有多余的现金。"

观众们当然不愿意和我玩这场赌博游戏。因为每个人冒险的程度与他自己所拥有的财富成正比。我们想一下,如果听众之中有亿万富翁在场,他完全会向我的提议发起挑战。

拥有财富的人相对来说会有更大的获胜可能,危险的概率亦随之降低。每个人的能力是不一样的。如果一个富翁输了10万美元,那么他也许会耸耸肩,然后轻描淡写地说:"咳,真倒霉。"

假设我现在降低赌注,从100万美元比10万美元降到100美元比10美元的话,有没有人接受我的提议?这种情况下,我想现场的人大概都会接受。他们会想,就算是输了10美元又怎样?10美元实在是微不足道。两种赌注的比例和赔率并没有任何变化,但是情况却发生了变化。输得起10美元的人比比皆是,不需要多加考虑就输得起10万美元的人却非常少见。

第二部分 | **建立优势**　抓住要领，步步为"赢"

就算是我不降低赌注，那么听众也可以采取一些方式来把输钱的风险降到可以承受的程度。比如他们可以联合起来投注。我的意思是这样：如果现在听我演讲的有 1 000 人，那么每人可以出 100 美元，他们可以推举一名代表，拿着凑齐的 10 万美元和我赌博，如果赢了，那么每个可以分得 1 000 美元，但要是输了，每人也就是损失了 100 美元，还可以承受得起。这无疑是一个降低风险的好方法。

所以当你即将去冒一定的风险或者是已经处于风险之中，千万别忘记风险分担。只要有人与你一同分担，那么自然降低了风险。当你试图寻求分担风险的时候，记得将自己放在有利的一面，尤其是当你的胜算较大的时候。

由于其他人的介入，你的视野得到了扩展，同时你的力量也得到了增强。不论是玩扑克还是投资股市，如果你的资本和筹码远远大于对手的资本和筹码，那么你就会处于绝对优势的地位，胜算当然会远远大于对手。

要说明的是，虽然我鼓励你冒险，但是我希望你能够将风险降到最低。我绝对不希望你把所有的赌注都押上去豪赌。徒有一腔勇气，只能是输多赢少，而且会导致非常严重的后果。在决定冒险之前，一定要仔细计算输赢的比率，你所获得的回报值不值得你去冒险。

绝不要意气用事，不要凭一时的冲动去冒险，也不要在不耐烦或是争面子的不利情况下冒险。

参与其中才会产生认同

如果能得到大多数人的认同，集中多人的力量来分担风险，就能扩大你赢的概率。由于大众共同分担风险，自然减轻了你所面对的压力，使得风险在你面前变得可以承受。在现实生活中，如果最后的结果充满了不确定性，那么就该通过尽量增加参与的人数来降低风险，减少不确定性因素。

比如你正进行一个你认为非常伟大的计划，这时，不要在你的上司、家人或同事面前大声夸耀："这真是个了不起的计划，是我个人的成就，如果不能达到目标，我负全部的责任。"显然这是非常不明智的做法。你应该在公司、家庭向每个人提醒道："这是我们共同的心血！"

简而言之，千万不要嘲笑身有残疾或能力不足的人。有句话说得好，"此一时，彼一时"。今日的"狗熊"，很可能是明日的英雄。尽量说服大家给予你帮助，请大家帮忙，让大家都参与其中，负责某方面的成败，共同分担责任。要记住：人人都会支持自己参与得到的结果。

你可以运用以下三种方法通过发挥认同的力量来获得别人的帮助：

- ◆ 通过让大家共同承担风险，使你处于较安全舒适的状态；
- ◆ 由于你的同伴共同分担了压力并且向你提供了帮助，那

第二部分 | **建立优势** 抓住要领，步步为"赢"

么你的压力自然会减小；
◆ 在群策群力的情况下，担心害怕的反而是对手。

你可以看到，从别人那里获得认同，就会提高你的能力，更增强了你的力量。反过来说，如果你的对手认为你的组织内部不合、意见产生分歧，那么你的状况就像在希尔斯购买冰箱一样不利。当你和家人意见分歧的不利处境被推销员觉察到时，他当然会大肆加以利用以增强自己的力量。

为了能更好地说明这个道理，我再举一个例子。假如你和你的四位同事代表你们公司与另一家机构的代表进行一项谈判。当你走向谈判桌时，你以为公司的代表与你目标相同、步调一致。但在谈判开始时，你的同事却做了让你料想不到的让步，而对方立刻接受了他的让步。

这个慷慨大方的透底行为，使你们在谈判中完全处于被动应招的局面。在震惊之余，你甚至怀疑那位同事是不是对方安排在你们公司内部的奸细。这件事让你沮丧不已，你不禁在休息时冲着那位同事说："你领的是我们公司的工资吗？我真的想查一查你的身份，看看你到底为谁工作！"

之所以出现这样的问题，是因为谈判前你们之间没有沟通、交流。他的让步在事先并没有获得其他同事的同意与认同。这个教训使他明白了，获得内部其他成员的认同是多么重要。一定要让他人参与提出意见，多参考他人的意见，切忌一人武断地做出决定。

要知道，参与往往使人产生认同，而认同则会使力量紧密地结合在一起，从而发挥出整体合力。

总的来说，如果警察局无法获得地方政府的支持，那么它必然难以发挥作用。失去信用的银行难逃倒闭的厄运，没有信念的军队必然溃不成军。一些战争的失败，也许并非输在力量不及或决策失误上，而是由于内部的腐败。所以有句话说"堡垒往往从内部攻破"。让我们回到主题。千万不要低估你的能力，你的潜力远超过你的想象。

专业的力量：要对方知道你的"专才"

你是不是曾经注意到，当某人认为或相信你有较丰富的专业知识、熟练的技巧或较多的经验时，也就是有人认为你是某方面的专家时，他对你的态度很可能从尊敬转为敬畏？下面我再举几个例子来说明这个有趣的现象。

第二次世界大战中，乔治·巴顿将军曾率领联军进驻北非。不论什么时候，巴顿将军都是以自我为中心。他认为他知道每件事，无论是讲究平仄的诗篇还是复杂的弹道学。即使这样，他还是经常向他旗舰上的领航员不耻下问。为什么？因为领航员在航海方面的专业知识超过了巴顿的知识领域。

我举一个假设的例子：

第二部分 | 建立优势　抓住要领，步步为"赢"

你要装修房子，对于壁纸的颜色、图案、材料你已经了然于心，但是你无法决定哪一个款式和你的家具最相配。你花了高价聘请了一个室内装潢专家，想听一听她的意见。要知道，她的作品在很多著名的杂志中都有介绍。但是没想到的是，她的答案与你的想法完全不同，并且告诉你为什么你选的款式不好，最后你毫不迟疑地接受了她的意见。为什么？因为你花了大笔的费用，你认为她是专家，所以你非常相信她，你认为她的专业眼光必然不会出什么差错。

我再举一个例子：

你突然觉得肚子疼，你家附近的一个医生介绍你去找一个非常有名气的内科医生。当你告诉医生所有的症状后，你突然觉得这好像和三年前你曾患病的症状有惊人相似。在接受了一些询问和做了一下简单的检查后，你被带到了这个医生的治疗室。你看到这儿有很多医生的学历证明和行医执照之类的东西，在候诊的时候你还数了一下，一共有14个之多。最后，这位内科医生诊断说你得了肠炎。

他在给你开处方时同时问你："你还有没有什么疑问？"你回答没有什么疑问，这时你还想起了另外一件事，那就是下次门诊的时间，于是你又预约了下次门诊。尽管这位内科医生对你的病症做出的诊断和你几年前曾患的病完全不同，但是你却对大夫告诉你的结果深信不疑，为什么？因为你不会愚昧无知地与一位知名的专家争论，对他说他可能诊断错了。

现在告诉你如何来运用对专业知识的影响力——对专业人才尊敬和畏惧的倾向。今天，由于社会分工越来越细，在一场谈判中，专业知识的影响力所占的份额正在逐步扩大，因此，我们不得不考虑如何运用专业知识这股强大的力量。

大家都知道，大多数人很少会对我列举出的下列专家提出质疑。比如，会计师、医生、高级技工、律师、电脑专家、股票经纪人、科学家、教授、五角大楼的将军甚至是专业的管道工。为什么呢？因为我们都相信他们在其专业方面知道的比我们多。

现在我向你讲讲如何表现出你的专才：在谈判之初，你就要透露出你的背景及在某方面有着别人难以企及的专业知识。你这样做之后，别人可能会被你的这些介绍"镇住"，甚至完全放弃争论。换句话说，在一场涉及多方的复杂谈判中，参与者们大都缺乏某方面的专业知识，在这种情况下，在你擅长的领域，他们可能一无所知。

只要有可能，你就要让对方知道你是某方面的专才。当然，事前你要做好充分准备。如果这项谈判对你来说非常重要，你只有华山一条路可走，只准赢不准输，那么你就更应当在谈判之前花大量时间去做准备工作，快速掌握某方面的专业知识。如果你对某方面

第二部分 | **建立优势** 抓住要领，步步为"赢"

的知识相当匮乏或者是一知半解，那么你的上上策就是保持沉默，千万不要随便发言，或发没有把握之言，以免导致更大的损失。

最重要的是，千万不可虚浮虚夸。在我们今天的社会中，知识更新的速度大大加快，知识使用周期大大缩短，因此我们必须抱着"知之为知之，不知为不知"的态度。一般而言，在谈判中最重要的专业知识是如何在恰当的时机发问，并且知道对方的回答是否正确。

如果在一场谈判中，对方有个专家对讨论的项目准备了长篇大论的报告，这时你是不是感到束手无策呢？没关系！你可以利用你的资源，比如，你所在的社区、你的亲朋好友、你的公司、你的同事等，在他们之中，肯定也有某方面的专家，那么你就发动他把谈判中涉及的专业问题研究清楚，然后带上所有的相关资料。当然，如果你带的资料比对方齐全，比对方还精确，那么胜利的天平就可能会向你倾斜。

当你们围着谈判桌就座，你面对着对方的"专家"时，千万不要被吓倒。永远记住，如果他们对你毫无所求的话，你今天是不可能坐在谈判桌前的。因此，你要反复地说："我不明白，你3分钟前讲的一直到现在我都不懂"或者是"你是否能用外行的语言再解释一下"。通过这个方法，你一再地打断对方专家的陈词，加上茫然无知的表情，再加上礼貌的、不断的提问，我相信一定会改变这些所谓的专家的态度和行为。

满足对方：准确拿捏其真实需要

在谈判中，通常只有两件事是相互对立和矛盾的。

- 明确的条款和要求，通常这些都是非常明确地公开表述出来的；
- 参与各方的真正需求，通常这些都是通过非常含混的形式表现出来的，甚至是隐藏在语言背后难以察觉的。

我们再分析一下希尔斯连锁店中购买冰箱的情景。假设你走到希尔斯的家用电器区，然后开门见山地对售货员说："你好……这款 489.5 美元的冰箱如果你能 450 美元卖给我的话，我可以即刻就用现金支付。"

那么这个同售货员砍价的方法在希尔斯有效吗？回答是：无效，因为你所提供的东西并不是希尔斯连锁店的实际需要。为什么？我们都知道，希尔斯不像街头上一般的零售店。事实上，希尔斯是个金融机构，它可能更喜欢你赊购。因为通过赊购的方式，它可能会通过 18% 的年利率来赚取你赊购款的利息。

那么这种用现金支付的方式在别的地方有用吗？回答是：有用，只是看你在哪里运用它。如果你在隔壁的五金店里提出用现金支付的话，那么可能会很受欢迎。也就是说，你如果是碰到渴求现金周转的小店老板，他求你买都来不及，除了立刻完成交易之外，还顺

第二部分 | **建立优势** 抓住要领，步步为"赢"

带解决了资金短缺的燃眉之急。也许他不开发票给你，这样他赚到手的钱会更多。

每个人的需求都会有差异。希尔斯并不需要你的现金，并不重视现金交易，而小店老板却喜欢它。如果你能够通过科学的方法合理推测对方的真正需求，那你就会发现满足对方需求的力量，可让你获得意想不到的结果。

一定要记住，即使是那些无情的、冷漠的大企业或大公司的背后，总是有很多普普通通的雇员在为了满足企业或公司的需求而努力工作。你要想同这些大企业或者是大公司，抑或是和其中的个人进行谈判，一定要准确地判断他们真实的需要，然后尽可能地去满足他们的需要，那么你很快就能轻易地获得充分的合作。所以，在一场谈判中，当厂商对你说"这是我所能容忍的极限"时，你就要好好想一想，这是他嘴上说的极限还是真正令他们为难的极限呢？

通常情况下，人们嘴上所说的想要的东西（提出的要求）可能并不是他们真正的需求。比如，我想买一辆新轿车。这时，对到哪家车行及买哪种型号的车我都已经基本决定，于是我会进行下列步骤：

第一，尽可能搜集所有关于那部车子的资料。这并不难，从《汽车年鉴》及《消费者报告》可以轻易找出各项详细的资料。我可以向最近买过这部车的人请教，问问他们的感想。我还可以向汽车修理厂的工人询问车子的性能。所有这些准备工作可以使我记下车子的性能、价钱以及车子可能会出现的故障；

第二，尽量去了解这家车行的背景。这也不难，我可以找那些

77

到这家车行买过车的人，听取他们的意见。我可以通过他们了解车行的信誉。此外，我还了解到了车行最近的经营情况、服务态度、库存是否有压力、车行的单项开支、业务员的销售奖金如何分配，以及车行竞争对手的价位。

第三，我会以礼貌而尊敬的态度请教车行的老板。我会从谈判中发现他喜欢什么、不喜欢什么，发现他的倾向以及价值观。我还会从谈话中观察他的性格，是冲动还是稳重，是喜欢投机冒险，还是喜欢稳扎稳打、步步推进。

如果你觉得我有些小题大做，不妨想想购车这件事毕竟不是件小事，而是几千、几万美元的投资，你还希望在购车的过程中得到很好的服务以及连续几年的售后服务。正如我在前文所述，如果你认为这是一项重要的交易，那么就应该不惜耗费时间、金钱在事前做充分的准备。

当我面对着老板，或是他手下的一名优秀的推销员，我会不断地向他们问问题，并在此过程中观察他们，更多的是仔细倾听他们的话，而很少自己发表见解。他们说的话都是非常有价值的信息，都是帮助我精心策划一次谈判的重要资源。在此之后，我会调整我的购买策略，来满足车行的真正需求。

当然了，要想满足他们真正的需要必须要在经历一段艰苦的谈判之后才能实现。所有的准备工作做完之后，我将去车行买车，当然了，我不会去满足推销员想要的价钱，但我会满足他的实际需要。谈判过程中包含了所有可能发生的因素，彼此各取所需。

第二部分 | **建立优势** 抓住要领，步步为"赢"

设法让对方投入更多

让别人在某种情况下投入时间、金钱与精力是让漠不关心的人主动参与的关键，也是很好地使用最后通牒的关键，它还是构成吹毛求疵的基础（你们免费赠送领带吗？）。

在日方代表与美方代表谈判的过程中，日方将这个方法演绎得异常精彩（在美方费了很多时间介绍了情况后，日方竟然说："不懂，请你从头开始。"）。

所以在每一次谈判开始的时候，你应该首先着眼于争取大家的合作。如果你后来必须站在反对的立场，或是要使用最后通牒，也要在最后关头才显示出来，在对方投入了大量的时间和精力之后显示出来。

意愿与认同和投资的多寡是直接相关的。如果你买了两种股票，或是投资了两项房地产项目，一个呈增值状态而另一个不断下跌，那么你先脱手哪一个？自然是升值的一个。另一个呢？你可能会留一段时间再说。

你或许还会再买进更多的正在下跌的股票。为什么？因为你想在这些股票下跌时买入，然后等它们升值时你再出手，从中你可以赚一笔。

我们要承认这种人性。即尽量地使它为己所用，而不是同己对抗。这里还有个相关的例子。

谈判进行时

对方疲惫不堪时，谈价钱

我的老板要我和一位名叫科波菲尔的先生谈判。他交代说："我要你用这个价钱去达成协议，你可以想一些其他的方法，但是价钱绝不能含糊。"

于是我与科波菲尔先生进行谈判。我们先从自我介绍开始，然后就此次谈判的第一项目标交换意见，我们双方为了各自的立场争论不休，但是在冗长而又艰难的谈判之后，最终还是满足了彼此的需求。

接下来要进行第二个目标的谈判——价钱。同样经过了一番激烈的唇枪舌剑，但却没有达成协议，双方都感到疲惫不堪。于是我建议稍事休息，科波菲尔先生欣然同意。

到谈判再开始时，我们都有意避开价钱不谈，我主要同科波菲尔先生讨论购买的有关事宜。虽然费时费力，但我同意了科波菲尔的很多建议。这时，谈判进入了最后阶段，也是先前避而不谈的第二个目标——价钱。

我说："科波菲尔先生，我们来谈谈价钱吧！"

他回答："好啊，相信我们能很快地解决这个问题！"

我又说："是啊，但是很抱歉，在这个问题上我可能没有太多的选择。在价钱上没有什么弹性。"

现在，我们来想想科波菲尔的情况。他如果在这时罢

第二部分 | **建立优势**　抓住要领，步步为"赢"

手不谈，他将损失所有已经耗费的时间、精力，并且失去即将获得的利益。他要想满足自己的需要，就必须与别人重新谈判，然而别人或许比我要难缠得多。也许因为这些原因，科波菲尔先生终于妥协了，我圆满完成了任务，最后以我方提出的价格成交。

我要说的是，如果你有件困难的事情需要谈判，一定要设法在对方投入了相当的时间与精力之后，在谈判行将结束之时，再来谈像价格、成本、利率或是薪水这些非常重要而敏感的内容。

当最不好谈的内容被对方当作主题先提出时怎么办？转移话题。只有在对方已经投资了大量的时间和精力之后再转回这个话题。

你会惊讶地发现，对方在投入了大量的时间与精力之后，会发生非常大的变化。往往是在谈判的尾声，事情解决起来似乎才有很大的弹性。

不要成为"纸老虎"：让其害怕和有求于你

如果你认为我可以帮助你，或者你觉得我有伤害你的力量，不论是实际的还是猜想的、不论是在经济上还是在心理上，都会使我对你的影响力有所增强，虽然这种影响力是无形的。

如果你猜测我可能会用某种手段来影响你，那么不论我是否有这种力量或会不会这样做,当我和你谈判时,都会增强我可以运用的力量。(那些认为老板的秘书没有什么作用的人是目光短浅的。业务人员通常不把秘书当作团队的一分子,而聪明的人却知道秘书是使事情顺利完成的关键人物。)

由于每个人都有自己的见解,所以你认为合理的却未必为对方所接受。有人认为是高利润的生意,有的人却对此不屑一顾。个人的观念与需求,可能会常常以不同的方式表现出来。如果我知道你的想法和需求,并且知道你又认为我的能力大于你,那么我就可以控制你的行为。

我们可以想一下,如果你认为我对你的一切事情都了如指掌,不论是晋升了、加薪了、还是被开除了,或者你吃饭了,买车了,度假了,甚至你的支出超过预算我都知道得一清二楚,那么你会以什么样的态度对我?

我们再来看一些日常的琐事:假设我知道你非常重视我每天早晨向你问好或者是给你递上圣诞贺卡和生日卡,那么我就会利用这件事来影响你。我完全可以通过不向你问好或是不给你送圣诞卡和生日卡来使你感到不快。

这些看来是微不足道的事,就像打破茶杯一样平常,却在生活中确确实实存在,并且对我们产生影响。我这么说的意思是提醒你必须对自己所处的现实有一个清楚的认识,而并非要你去使用这个力量。这里有两点需要引起重视:

◆ 没有人愿意同你谈判，除非，他确信你自己有足够的能力帮助他或者伤害他；

◆ 在一种敌对的关系中，如果你认为我可能帮助你或伤害你，在取得你的信任之前，我绝不可能解除你心中的疑虑。

在本节中，我们是不是能够得到这样的启示：不要让你自己很快成为"纸老虎"。在相互竞争的形势下，如果没有得到对方的交换条件，那么千万不要贸然把自己的选择全部告诉给对手，因为那样做的结果是减轻了对手的压力。

得到肯定

如果能让别人肯定你，那么你的谈判能力会得到最大程度的发挥。为什么在同一购物中心里你只去甲店而不去乙店？为什么你总是到同一家汽车修理厂修你的车子？为什么你选用这家银行而不是其他的？在生意上，你又为什么与这家公司往来而不与它的竞争对手合作？

这不光是因为质量、便捷、价格或者是花费的因素，更主要的是你对他们或者是他们提供的服务产生了很强的信仁感。

如果梅西百货公司（美国著名的高级百货公司）的服务态度使你觉得受到尊重，倍感舒适，或者最起码他们能了解你的需求，你当然会喜欢在梅西百货公司购物并且对它产生强烈的认同感。即使布鲁明代尔公司（梅西百货的竞争对手）提供更优质的产品、更低的价格，你还是愿意去梅西百货公司。所以，无论在什么情况下，被人肯定和认同是非常重要的。

比如，IBM的成功主要基于它拥有大批优秀的科技人员，并不是因为公司的营业方式有多么先进。几年前我曾询问我的客户为什么舍弃许多别的电脑公司的便宜产品而选择IBM昂贵的产品？他的回答是："我们的确能在别的公司买到便宜货，但是我们知道IBM有优秀的科技专家和良好的售后服务，我想如果我们今后遇到了麻烦，他们一定会帮助我们。"这就是被肯定的良好效果。

那么如何获得别人对你的肯定呢？如果你在交往的过程中表现得像个专家，以非常合理的态度与人交谈，自然能获得对方的合作与尊敬。在交往的过程中，不可轻易承诺超越自己能力范围的事，尝试着以对方的立场去了解他的需要，让他感受到你有能力帮助他。若是忽略了这些问题，你的力量很可能会被削弱。

当我们与上司谈话时，常因为他的地位而自觉不自觉地尊重他，结果造成先入为主的印象，下意识先肯定了他或她所说的话，这样一来，某些自己的创意就会不自觉地变成了上司的成绩。

历史上常引用的例子包括艾森豪威尔将军、特雷莎修女。虽然他们所处的时代背景差别迥异，但通过不同的传播媒介，对人们却各有各的影响力，而这些都是由于他们各自有被肯定的因素。约翰尼·卡森（美国收视率非常高的电视节目《今夜秀》的主持人），财富多得用卡车都装不完。他以和蔼可亲、诚实真挚的态度面对

第二部分 | **建立优势** 抓住要领，步步为"赢"

他的观众，他的节目内容以平实、贴近生活而被美国大众广泛接受。

被肯定的力量存在于各式各样的关系里，不论是贸易关系还是政治关系。比如，我必须经常与专家们共同研究专题报道。在此之前，我的准备工作是首先掌握专家的背景及经历，然后对他们给予适当的尊敬，在这种情况下，我们通常能够愉快轻松地沟通彼此的意见，因为我使他们觉得自己得到了肯定。

我们未必刻意地注意到"肯定"的字眼，但是彼此却都能感觉得到。被肯定的反面也同样有很大的影响力。在选举中，人们会因为不能对候选人甲有所肯定而转向候选人乙。在我们谈判的过程中或下决定之前，这种状况也经常发生，我自己就有这样的经验。

谈判进行时

手抹眼泪的老太太，哪能有罪？

二十几年前我从法律系毕业时，美国正值经济萧条时期，我却对当时的形势一无所知，所以我将找不到工作完全归咎于自己的能力不够。

直到10年前我对这个原因有了新的认识，顿时让我释怀不少。在短暂的失业之后，我找到了一份工作。我在政府的法律顾问处服务，为那些生活贫苦的人做辩护工作。

我辩护的第一位客户是犯了盗窃罪的人。当我调阅卷宗时，我相信他是有罪的。为什么这么说？一是因为他对两位不同的辩护律师说两套不同的供词；二是案发现场遗留了他的指纹；三是当他被捕时，看的电视正是赃物。这个案子一看就知道是只输不赢。

我们先不考虑案子的获胜率。当时我还非常年轻，所追求的理想只是要我的委托人在法律面前受到公平的审判。为了了解更多的细节，我到狱中探望委托人。

在几次面谈之中，他每次都告诉我不同的经过及不同的不在场证明。这些都使我感觉到这家伙不但愚笨而且很不诚实。我迟迟不敢将他放在证人席上，因为他的谎言是如此不堪一击。

由于我必须把一个人推上证人席为他辩护，因此我选了他的母亲，因为母亲不论在什么情况下，都会保护她的孩子。我的委托人的母亲外表上看来足以博得别人的同情。满头灰发，老态龙钟，戴着一副沉甸甸的眼镜——看起来是随时需要别人扶持的老太太。

当老太太进入证人席后，我开始向她提问。在短短的2分钟之内，我就发现我的委托人继承了他母亲的基因——这位老太太也是个既愚笨而又爱撒谎的人。2分钟之内，她编了4个不同的故事想要证明同一件事，却彼此互相矛盾。这时我感到口干舌燥，悻悻地退回席位。知道这案子是没有任何指望的。

不知道出于什么原因，检察官竟然不肯如此轻易地结

第二部分 | **建立优势** 抓住要领,步步为"赢"

束这个案子。他走向老太太,继续做严肃的询问。很显然,他将请求法庭处罚这老太太的儿子,不但要处罚,还要从严处罚,想要使这个案件成为这个法庭有史以来宣判最重的案子。

他询问的态度显然是没有将老太太当作证人,而当成是与罪犯勾结的共犯。结果对老太太大声呵斥,唾沫横飞,好像恨不得给老太太当场判刑似的。老太太终于难以忍受,崩溃地跌坐在证人席上,手抹着眼泪,眼镜也掉下来了,无助地望着人们。

迟疑了一会儿,法官宣告退席,以便陪审团可以有讨论的时间,并让我扶着老太太退出证人席。我看了一眼陪审团成员的脸色。刹那间,我觉得事情可能有起色。因为陪审团的人员都以鄙夷的眼光瞪着检察官,他们一定在想:"这位贫苦的老太太有个犯罪的儿子已经够可怜的了,有什么理由让她也受到这种严厉的待遇?"

短暂的休息过后,重新开庭时陪审团一致通过被告无罪——这也是我在那时赢得胜利的少数几个案件之一。

请别责怪我没有维护好法律的正义性。其实我并没有赢得这个案子的胜利,只是对方输了这个案子。为什么呢?因为检察官过分粗鲁的行为,让法官及陪审团无法肯定他所诉说的事实的可靠性,因而陪审团投了与事实相反的票。

人们通常非常注重得到别人的承诺和肯定。同样，在谈判中这也是非常重要的因素。所以行为正派而且乐于助人的人，常会让人感到雪中送炭般的温暖，从而得到别人的肯定，这对人们是非常有利的。

"怜悯弱者"倾向：道德伦理的力量

美国大多数人都受过西方社会的教育，有着近乎相同的道德标准。从学校、教堂、社会及一般生活中，我们不断地学习、观察，从而使这些道德标准潜移默化成为我们的生活准则，并将之扩大到商业往来及其他场合。不管怎么说，我们判断事情公正与否的准则如出一辙，只有极少数人遵循着异于常人的生活规范。

这也是为什么有时你将伦理道德的约束施加到别人身上时，能够生效的原因。如果你表现出一副让人非常同情的样子，任人摆布而毫无抵抗，那么你可能会使对方让步。这是因为一般人都有怜悯弱者的倾向，他们不愿在毫无反抗能力的人身上占过多的便宜，也就是人们常说的"君子不乘人之危"。

即使是在对方非常有理并且合法的情况下，而且他完全有能力彻底打垮你，这时如果你说："好吧，你可以用任何手段来对付我……不过，只要你认为是对的就行。"你这样说等于是在争取他对你的同情。悲惨可怜的处境，甚至可以争取意想不到的转机。即使面对神圣的法律，法官往往也会因为怜悯同情而格外施恩。

比如，有一个罪犯站在法官面前，如果他向法官说："法官大人，无期徒刑对我是正确的裁决吗？我有3个嗷嗷待哺的小孩。如果你判我无期监禁的话，那等于是在惩罚我的孩子们呀！我并不介意受刑，我愿意为我所犯的罪行受到应有的惩罚，但是对我无辜的家庭来说，我的无期徒刑会使他们失去希望，你觉得这样残忍地对待一个无辜的家庭是正确的吗？"结果是什么呢？法官肯定要对他的刑期重新加以考虑。

那么同样的陈述，在不同的文化背景下能产生相同的效果吗？能让接受另一种价值观体系的人也为情所动吗？回答是不一定。不同背景、不同环境中成长的人会有不同的价值观，不同的评价标准，因此他们必然会对此产生不同的反应。

千万不要因为你有着什么样的价值观和道德伦理标准，就武断地要求别人也遵循这一套标准。对不同的人，你必须学会从他们的价值体系中解读他们。

然而，在我们这个国家中，你所交往的大部分人和你的文化背景是相同的，你们有着共同的伦理道德基础、相同的价值观、共同的评价标准。因而这种伦理道德的力量完全可以适时适地地予以运用。

打破惯例："一口价"商店不能讨价还价吗？

我仍然可以用你在希尔斯连锁店购买冰箱的例子来谈一谈这

种力量。大多数人认为在"一口价"商店或者是大型的购物商场中是无法讨价还价的。如果我们问他们为什么,他们的回答很简单:"如果能讨价还价的话,那还能叫'一口价'商店吗?"

我曾经说过,别让你那点有限的经验限制了你的行动。你应当有意识地强迫自己跳出固有的狭隘的经验,勇敢地去验证你的猜想。别使自己囿于惯例的束缚,这很容易被自己或他人所牵制。

通常说来,人们往往比较容易使自己受到限制,或者是被别人限制,因为大多数人都乐于接受既定的事实,绝不愿节外生枝,制造风波,也不愿更改一条成功的路线,他们不可能说别人成功的例子是错的。这些观念是从遵守原有的惯例、不愿承受重新产生的压力而逐渐形成的。习惯、传统、制度以及经验被人们认为是难以改变的。我们已经习惯在这些范围内做事,"改变"是一个令人讨厌的字眼。

举例来说:最令人厌烦的事情莫过于到华盛顿见新总统,或者是见一个公司新上任的总裁抑或是见一个大机构的新领导。因为一切都要从头开始,你对前任的了解统统用不上,你得重新搜集有关的各项资料。在1968年的大选之后,理查德·尼克松宣布:"美国新一届的政府要大幅增加预算。"结果几周后,真的有新的政策出台了,他提出了美国历史上联邦政府的一项最大的预算。

对于惯例的力量,也有另一种看法:可以用来充当寻求变化的借口。当美国的汽车工人在年度合约中成功地争取到7%的加薪后,加拿大的汽车工人用这件事当作范例同当局进行谈判,结果

第二部分 | **建立优势** 抓住要领，步步为"赢"

他们也得到了相同的加薪。这其中的逻辑非常简单：为公平起见，既然他有，那么我也应该有。

田纳西州孟菲斯市的市长公开宣布，如果警察和消防人员举行罢工的话，那么他们将一律被开除。但是警察和消防人员没有听他的话，罢工仍然持续着，结果他们被解雇了。几天后，罢工方同当局进行谈判并达成了协议，市长重新雇用了所有被开除的人。在这件事之后，芝加哥的消防人员也举行了罢工，他们的想法是，即使他们被开除了，也能够和孟菲斯市的警察和消防员们一样被重新录用。结果证明他们的想法是完全正确的。

换句话说，在甲地发生的事情，被乙地人知道之后，会对他们的思考方式和行为产生较大的影响。由于现代社会信息传播技术有了很大的发展，信息传播的速度空前提高。借助先进的传媒工具，我们可以得到来自四面八方的信息。所以，如果你想控制局势，不想让甲地发生的事情影响到乙地，那么你就必须说服乙地的人，去说明为什么他们的情况不同于甲地。

我们应当做的是，尽量避免受到过往经验的限制，而应该将它转变为你的优势。在你判断形势，评估你的做法的时候，你可以将以往类似的经验作为参考，这样你就能比较准确地预测你的目标，这就是人们常说的"知古通今"的道理。

举一个例子：比如你在一个"一口价"商店中购物，由于你当时确实缺钱，所以你试图同售货员讲讲价，但是售货员说："对不起，我们这里不还价。"这时你该怎么办？你说："等等，为什么不能还价？两星期前我刚到你们这儿的五金部买了一个榔头，当时售货员就给我优惠了2美元。"

一定要学会运用传统的逻辑，尽管有的传统似乎并不符合逻辑。比如你在一个车行买车，这时你说："我想要去年的那部车，而不是今年的。"你为什么这么说？因为大家都知道去年的车比今年的新车便宜。你知道今年的冰箱与去年的有何差别吗？那并不重要。商人都急着清除存货，买去年的存货多少能使你省点钱。

学着多坚持一会

坚持不懈能够使废铁成钢。"只要功夫深，铁杵磨成针""愚公移山"等典故都说明了坚持不懈的巨大力量。

大多数人在谈判中都显得耐心不足，难以坚持。如果你表示不会立刻买的话，对方很可能会耸耸肩，对你表示失望，然后很快去寻找新的客户。如果你是这种性格的人，那么我建议你一定要有所改变。学着多坚持一会儿，磨炼你的韧劲。卡特总统令人惊叹的地方就在于此，他对任何事情都能持之以恒、不屈不挠、坚定踏实、执着奋进，他的确是一位引人注目的总统。

在我的印象中，卡特总统是一个非常正派、讲究道德的人。但与此同时，他又是美国历史上一位最缺乏创造性的总统。你如果和他相处15分钟以上的时间，他那乏味的语言会使你觉得像吃了安眠药似的昏昏欲睡。有人曾经打趣地说："如果要卡特对着火

第二部分 | **建立优势**　抓住要领，步步为"赢"

炉说话，那么炉中的火焰立即就会熄灭。"简单地说，他走到哪里，哪里的人就会走开。

尽管如此，他依然用他非凡的外交能力，使埃及与以色列的高峰会议成功地在马里兰举行。

谈判进行时

漫长枯燥的13天，不签约怎解脱！

戴维营并不是西方世界的罪恶之源，也不是一个繁华的场所。它只是一个到处都有苍松劲柏的宁静农场，在那儿最大的享受就是大自然的宁静。

知道了这些，你就会意识到卡特总统的精心安排，他就是想促成双方达成一个"最基本的共识"。他对戴维营的情况了如指掌，这儿唯一的交通工具是两辆脚踏车，夜晚的娱乐方式只有看电影，而且只有3部索然无味的影片可供观看。6天下来，每部电影这些人都看了2次。刻意的安排下，人人都觉得在这儿度过的13天是多么的枯燥而漫长。

每天早晨8点，卡特都以相同的腔调，敲着两位领袖的门说道："早上好，我是吉米·卡特。对于今天冗长烦闷的10小时，大家准备好了吗？"13天如出一辙的烦闷过程，任何人都会迫不及待地在任何合约上签字以求解脱。可以说，在戴维营签订的合约，是卡特总统运用坚持不懈力量的经典之作。

虽然你并没有参与戴维营的谈判工作，但你在个人生活中，却不断地因为这样那样的事情同别人进行谈判。

比如，你为了向保险公司索赔而陷入了僵局。你的车子虽然已经开了6年，但车况依然很好，在一次意外车祸后，你需要800美元修理费才能恢复原状。根据肇事车辆索赔评估标准，你的车现在只值500美元，也就是说，保险公司只能给你赔偿500美元。对你而言，索赔评估标准只不过是几张纸，毫无意义可言，你当然不能接受500美元的赔偿。

你应该怎么做？

你应该坚持你的立场，赔偿金额绝不能低于800美元。你可以告诉保险公司："即使是上法庭，要花费巨额的诉讼费，我也会坚持我的立场。"

你的这些话会引起保险公司的注意吗？绝对会。保险公司知道上法庭诉讼是一种拖延时间的做法，这对他们来说没有任何好处。如果这样的话，保险公司得花更多的时间与金钱来等候法院的判决。

赔偿的金额到那时就无法控制在500或800美元了，保险公司还得向政府部门报告备案，一连串的烦琐事情将会随之而来。保险公司最担心的还是诉讼的拖延，因为不知道需要多长时间才能结案，而在这个过程中不知要花费多少律师顾问费。

你能得到800美元的赔偿吗？会的，只要你坚持，不厌其烦、一次又一次地找他们，把你的估价单拿到他们面前，坚持立场，保险公司一定会如数赔偿的。

第二部分 | **建立优势** 抓住要领，步步为"赢"

说服：帮他分析价值和利益

在我们这个社会中，大多数人总是过分注重事情发展的逻辑，总是认为合乎逻辑的事才是正确的。但是逻辑本身并不能真正影响人们，有时甚至毫无效力。

如果你想说服我相信某件事，去做某件事或者买你的商品，那么你必须把握下面三个要素：

- ◆ 必须让我了解你在说什么。你所分析的理由和举出的例子，最好是我曾亲身经历并且留下深刻印象的。换句话说，你必须站在我的立场上分析。这就是为什么你会觉得同精神失常者交流是那么困难；
- ◆ 你的论据必须准确、充分，使我难以反驳你；
- ◆ 使我信服的同时，也得与我的需求和愿望相符合。

在这三项之中，第三项是最重要的。为什么我这么说？因为即使你的论据非常充分，内容也非常准确，而且你也站在了我的立场上，但是只要结论对我不利，我还是不能信服你。虽然事实完全合乎逻辑，但是接受他们的结果却达不到我的需求，所以接不接受也就没有什么差别了。知道了这一原理，我们就会理解青少年的父母，他们对这种不合逻辑的现象了解得最为透彻，但每次试图说服子女，都不能取得好的效果。

广告设计公司的工作是替客户设计能够影响消费者的观念，使消费者认识客户的产品并产生购买的意愿。有个电视广告介绍一种清香剂，简单地在腋窝下喷几下，清香可以持续24小时的时间，对消除体臭有着显著的功效。广告商并不太在意大家到底看懂了多少，或者有没有足够的证据证明广告的内容是否属实。广告商只是想演示这种清香剂是如何满足你在社交活动中的需要。

说实话，我看不懂这种商业广告。我觉得这个广告并没有任何足以证明这种清香剂神奇效果的实例。因为广告的拍摄方法是用透明光圈来代表可以维持效果的时间，而我这辈子还没有见过任何透明光圈围绕着人体，如果能使我相信的确有光圈围绕人体的事实，我当然会对这产品产生信任感。

假设我是使用这个产品的人，在晚宴上正朝你走近，想要与你攀谈。当我走近时，你向后退了一步，如果不是我在2小时前刚使用过清香剂，那一定是我的体臭引起你的厌恶。但是由于我使用了清香剂后，香味还会持续20个小时，所以我猜想，应该是你旁边的那个人的体味引起了你的反感，原来是他有问题。

说到问题，多少世纪以来，人们都坚信太阳是围绕地球旋转的，地球是整个宇宙的中心。直到一个名叫哥白尼的天才出现，他明确地提出了日心说，向人们介绍了太阳系。他还大胆地向人们宣布，是地球围绕太阳旋转。

他的理论对人类造成了巨大的影响。人们都认为哥白尼是一个天才。为什么他的这种"异端邪说"竟然使这么多的人信服？因为他的理论坚实有力，没有其他任何有力的反驳来推翻他的理论。然而在当时，对这个观念感兴趣并继续研究的人并不多，因为不论他们接受不接受，都不会使他们的日常生活受到影响。地球围绕太阳旋转的事实，看来并不比猫捉老鼠的事实来得重要。

直到有一天，突然有人说："这个理论非常有用。因为这个理论证明了地球是圆的，再也不必担心出海远航之后回不了家乡，我们可以去发掘新的土地、新的资源，将外面的财富带回家乡，从而帮助我们走出失业挨饿的困境，这正是我们的需要及希望。"

还有一些人改变了意愿，他们接受了这个事实，对现实产生了很大的影响，人们也越来越相信科学的力量。

总而言之，如果你想说服别人，那么必须从符合他们的需求出发，向他们分析可能获得的价值和利益。

情绪：可以在意，但不必太在意

谁是你最难与其谈判的人？

你自己。

你替别人谈判往往比替自己谈判容易一些。

为什么？

因为你替自己谈判时，任何环节对你产生的影响，你都有直接的感受，而人总是最关心自己的。这个原因使你承受着巨大的压力。当你替别人谈判时，这种压力会很快消失，你感到非常轻松。

你的所作所为会显得更加客观。这时，你不再考虑太多，因为你已经将谈判当成了一次游戏，事实就是如此。

每个人都有一点自信。最近我负责与海外的一家大银行就一笔金额巨大的贷款案进行谈判。合同涉及上千万美元的巨额款项，这使得谈判的参与者都很紧张（除了我自己）。我轻松愉快地享受这趟旅程，思路清晰冷静。你知道为什么我在这么重大的谈判面前还能举重若轻吗？答案很简单，因为钱是银行家的，和我没什么关系。如果谈判中真的出了什么差错，那么是他们损失几百万美元。我日复一日地拿着工资。所以我的态度是：工作一天，拿一天的钱，多做一天，就多赚一点外快。我把这项巨额的金融谈判当作一场游戏。当然了，对谈判本身我也在意，只是不那么在意。但当我回到家中后，在餐桌上，一切都发生了变化。妻子谈到的银行账户，女儿拿出的成绩单，这些都是与我有着切身关系的事，因此我无法像在海外旅程中一样轻松。

试着把你遇到的所有事情，包括你的职业，都当作一个游戏，当作一个幻想的世界。如果退后一步，你就能够享受人生。有句话说得好，"不求尽如人意"，只要你尽了力，即使事事不顺心，你也不必颓丧、烦恼，要知道，事情的发展方向并不总是以人的意志为转移。

试着在你的每次谈判中对自己说："如果达不到目的，那我的生命会到此为止吗？"如果你的答案是"不会"，那么继续告诉自己："这也没什么大不了"，"谁在乎？"，让自己的心情放松。记着，放

第二部分 | **建立优势** 抓住要领，步步为"赢"

松的心情非常重要，你可以在意，可是不必太在意。

你若是能抱着玩游戏的态度来参加任何一场谈判的话，不论是在谈判中还是谈判之后，都可以获得三项好处：

- ◆ 你将拥有更多的精力，任何人对自己喜欢做的事情，总是具有较为旺盛的精力；
- ◆ 心理上的压力会明显减轻。你的血压不会因此升高，维持了较佳的生理状态；
- ◆ 你会得到更好的结果。因为心情会影响你的感觉而让你的力量增强，使你的生活质量提高。谈判的对手也会因你自信的态度、愉悦的心情而倾向于你。

具有讽刺意味的是，将这种力量演绎得最为精彩的是一个传教牧师——尊敬的艾克。他是一位电视及电台明星，吸引着无数观众和听众。他极力鼓吹"绿色的力量"，并常对他的听众说："请向上天伸出你的手。"

一天，他正走在街上，一遍又一遍地对人们说："别担心，世界上没什么事会让你烦恼。"

一位教友举手问道："艾克，你不知道，我有个很严重的问题，我非常担心。"这位尊敬的牧师用冷静的语调回答："那么,忘掉它。"

"不,不！我不能忘掉啊！这很重要，我实在是非常担心。""好吧！告诉我。"艾克问，"什么事情可能引起那么大的麻烦？"

"是银行啊！"教友回答说，"我欠银行6 000美元，明天就得付清，可是我现在身无分文，真是急死我了。"

艾克并不放过任何机会："嘿，朋友，你担心什么？这是银行才该担心的问题！"

虽然我对艾克所引用的老笑话有些挑剔，但是他却成功地分析了对立双方的心境。

> 只要在结束之前到达,就永远不会迟到。
> —— 詹姆斯·J. 沃克

> As long as you get there before it's over you're never late.
> ——James J. Walker

第 5 章
有关时间的普遍原理

时间弹性与时间影响

光阴荏苒,时间飞逝,是众所周知的事实。时间是公平的,不论我们做什么,对每个人来说,时间流逝的速度是一样的。因为无法控制时间的快慢,所以我们必须分析时间对谈判过程的影响。

不要理会期限:太急切,你就输了

大多数人都把谈判看成是一个孤立的事件:有着明确的开始时间和结束时间。如果谈判果真如这些人所想,那么它就肯定有一个固定的时间标准。比如,你可能和老板约好在某天早晨 9 点与他谈谈关于你加薪的问题。终于等到那天早晨,就在你们准备谈话之前,老板的秘书告诉你 10 点钟老板还要参加一个很重要的会议。这时,你立刻会注意到时间的限制,你会认为与老板的会谈必须在 10 点之前结束。

我们用以下例子分析时间的问题:假定你开始谈判的时间

为 G（当你走进老板的办公室），结束的时间为 K（当老板起身送你出门）。结束的 K 点，是不是像我们平常所说的截止期限？

假设这个描述是事实，那么最明确的让步会在什么时候发生？会在从 G 到 K 的任一点达成吗？是在 G 点、H 点还是在 I 点，或者是 J 点？根据我们的一般推测，在大多数的谈判中，明确的让步一般都是在 J 点到 K 点之间做出的，也就是尽可能地在截止时间之前。

然而事实并非如此，几乎所有的谈判，明确的让步都是在最后一点——K 点时达成的，有时甚至超过了 K 点而在 L 点达成。

换句话说，老板对你的工作进行了肯定并最后同意给你加薪，这个明确的让步大概是在 9:55 分做出的。这种拖延，在每种谈判中都可以看到：

大多数人是从什么时候开始报缴所得税的？

老板交代秘书，让他在 7 天之内写完并上交一份调查报告，那么他将在什么时候完成？

一份学期考核研究报告完成的时限是 2 个月，那么学生会在什么时候交出报告，或是从什么时间开始动笔呢？

即使是美国众议院这样庞大而秩序井然的机构，也要拖延到会议结束之前才通过大部分的决议案。

所以，在任何谈判中，都不要期待过早地得到对方明确的让步，因为通过以上的分析，我们可以看出这是不可能的。因此，要很

第二部分 | **建立优势**　抓住要领,步步为"赢"

自然地将你希望对方做出的妥协和让步,放在谈判行将结束之前。我们想想,如果我知道你大概的期限,而你不知道我的,谁更占有优势?

如果你对时间非常认真,而我却抱着无所谓的态度,毫不在意,那么谁会受到压力而心急如焚呢?当然是对你不利。因为越是接近你的最后期限,你的压力就会越大,最后你将不得不做出让步。

当我看到你坐立不安时,我可以轻松地哼着小曲,虽然我的截止时间与你一样。下面这个例子可以向你说明这个道理。

谈判进行时

透露回程时间,谈判注定惨剧

20年前,我在一家大公司工作。这个公司的分支机构遍布世界各地。当时,我担任公司的高级主管职务。但是我的主管们好像并不在意我的职位,经常对我说道:"嗨!科恩,给我来2杯加糖加奶的咖啡。"

每当我替这些可恶的家伙倒咖啡时,总能听到他们在谈论他们在国外的那些经历,这使我向往万分。有时在工作前用早餐时遇到他们,我会问:"你好,刚从哪儿回来呀?"

一人回答道:"噢,刚从新加坡回来,谈完了一单900万的生意。"

我又转向另一位问道:"你呢?"

他答道:"我刚去了阿布扎比。"我当时甚至不知道阿布扎比在哪儿。

出于礼貌,他们也会问我:"你去了哪里呢?"

我能说什么呢?是的,我去了动物园,在那里的水族馆转了转。但是我本来是计划去植物园的。我究竟要去哪里呢?实在是无话可说。我觉得像我这样的年轻人应该要多参加一些实战谈判,所以每个星期五我都会找我的老板,一次又一次地对他说:"我请求你派我出去,让我成为真正的参与者,我希望亲自参加谈判。"我的坚持不懈终于产生了效果,在多次要求之后,老板终于开口道:"好吧!科恩,那么我就派你去东京,你去和日本人谈一谈吧!"

听到这些我简直是喜出望外,于是我对自己说道:"我的机会终于来临,上天终于赐福于我,我一定会让日本人知道我的厉害,然后向国际市场进军。"

一星期后,我坐上了飞往东京的航班,要知道此行我会有一场14天的谈判。我带着所有关于日本文化的背景、理论方面的书籍,并且告诉自己:"我要好好地大干一场。"

飞机在东京着陆后,我是第一个冲出机场大厅的人。出关前,两位温文尔雅的日本绅士鞠躬欢迎我,我很满意他们的态度。

两位日本人协助我通过海关,然后带着我坐进了一辆豪华的礼车。坐在舒服柔软的后座上,我对坐在拥挤的前座上的两位日本人说道:"后面宽敞得很,你们为什

第二部分 | 建立优势　抓住要领，步步为"赢"

么不和我一块坐在后面？"

他们答道："噢，不，像你这么有地位的人，来参加这种重要的会议，显然必须好好休息。"我对他们的回答感到非常满意。

车子在行驶当中，一位接待我的人说："你懂这儿的语言？"

我回答道："你是指日语？"

他说："是啊，就是我们在日本所用的语言。"

我说："噢，不会说，不过我希望能学些日常用语，我还随身带了本日语字典。"

另外一个日本人说："你回去的时间确定了吗？是否已经订好了回程的机票？"（到目前为止，我还没有考虑返程时间的问题）"如果你确定好的话，我们计划一下用车的时间，最后送你到机场。"

这一切让我觉得他们真是善解人意。

于是我伸手到口袋中拿出机票并交给接待员，这样他们才能确定礼车接我的时间。那时候我的经验太少，根本没有意识到他们已经通过这个方式掌握了我的截止时间，然而我对他们的最后期限却一无所知。

谈判并没有立即进行，他们先安排我参观并体验了日本的礼仪和文化。在一周多的时间里，我的工作就是忙碌地参观游览各个景点，从皇宫到博物馆。他们甚至还安排了一项英文讲授的课程来向我介绍日本人的信仰。

每天晚上有四个半小时，他们让我坐在硬地板的榻榻米上，享受着日本传统的晚宴。你能想象出在硬地板上坐四个半小时是什么滋味吗？要不是我得了痔疮，他们还不会那么轻易地放过我。每当我提到是不是该谈判了，日本人总是回答："噢，还早嘛，有的是时间啊！"

谈判终于在第12天的时候开始了，当天的谈判必须早点结束，因为我们还要在会后打打高尔夫球。第13天，我们又进行了谈判，还是要早点结束，因为他们还要为我举办欢送会。最后，在第14天的早上，我们终于渐渐触及了重点内容。正当我提出意见时，接我去机场的礼车已经到达。大家挤在车内一路继续谈判，在礼车停下之前，我们终于达成了协议。

请你想想我参加的这次谈判最终会取得什么样的结果？许多年来，老板一提起这件事时就会说："这是日本人在珍珠港事件后取得的一次最大的胜利。"

为什么会有这样的惨剧？就因为那两位接待我的日本人掌握了我的截止时间，而我对他们的截止时间却一无所知。他们一再拖延不做出任何让步，正好是对付了我不愿空手而归的心理。更有甚者，我不耐烦的心态让他们占尽了便宜，不知道为什么我一直对预订好返程的飞机如此重视，好像这是离开东京的最后一班航班似的。

第二部分 | **建立优势** 抓住要领，步步为"赢"

即使是经验丰富的谈判专家，也会常常落入类似的陷阱之中。相信我，只要是谈判的参与者，都会有自己的最后期限，都会感到时间的压力。如果他们没有任何一点压力，那么你也不必和他们碰面了。可是在每次谈判中，你的对手都在对待时间的态度上占了上风，他们似乎一直都是谈得成谈不成都无所谓的态度，这就使你每次都处在时间的压力下。这种情况普遍存在于各种谈判之中。

还记得希尔斯连锁店的冰箱销售员吗？他一次又一次地回到顾客身旁问："决定了吗？"，表面看似轻松悠闲，但是在他冷静而不经意的面孔背后，也许隐藏着强烈的销售欲望。他怎么能够忘记老板每天早上的叮咛："如果今天没卖掉一台冰箱的话，明天最好去加油站找份工作。"

以"最后期限"向对手施压

这儿我还要提醒你注意另外一个要点：截止期限，当然包括你的截止期限和别人的截止期限，它的弹性比你想象中的还要大。你的截止期限是谁决定的？通常就是你自己，这一点是可以肯定的。虽然老板、政府、顾客或家人也许对你的最后期限有影响，但是期限是你自己决定的。

正因为如此，你一定要走出过分注重最后期限的误区。当然了，我这么说并不是要你不设任何期限，而是让你去对最后期限做出客观的分析，并且学会如何运用最后期限向谈判中的对手施加压力，因为它在谈判中扮演了非常重要的角色。

你要经常问自己："万一过了期限会怎么样？损失有多大？能负担得了吗？如果我冒险的话，值不值得？"

举例来说：我们都知道，美国公民报缴所得税的期限是在每年4月15日之前，如果过了期限怎么办？是不是有人拿着枪砸开你家的房门，然后押着你进法庭？不可能这样。

如果你分析一下缴税的截止期限的话，你就会得到一个令人惊讶的结论：不是你欠政府的钱就是政府欠你的钱。如果是你欠政府的税金而迟迟未缴，那么美国国税局对你的处罚是加上一些罚金以及逾期的利息。如果你比较过政府罚你的逾期利息和银行贷款利息的话，你一定知道政府的利息低得多。

不妨这样比较一下：如果你急需一笔钱，你是愿意向当地银行贷款付给他们高额利息呢，还是愿意向政府借款享用合理又划算的利息呢？我看美国政府会愿意做这笔生意。

如果政府要退税给你，而你又迟迟未缴报表，那又会产生什么后果？只会耽误你收到退税款额的时间，国税局不会对你进行任何处罚。为什么？不为什么，因为国税局只会庆幸你不向他要利息。但是通常人们知道国税局退税时，总是按时在4月15日的午夜前填好表格寄出。

问问自己："如果政府要退税给我，我当然是越早拿到越好，为什么要延迟？"多数人还是会告诉自己："我还是在空闲的时间来填表，仔细计算一下，在方便的时候再将它寄出去。"

第二部分 | **建立优势** 抓住要领，步步为"赢"

真正的本事：坚韧持久

正如我前面的论述，对时间的正确分析和使用往往决定着一件事情能否成功。时间有时候可以影响到人与人之间的关系。我们想想，迟到是不是造成关系紧张的原因？提前到达往往能给人留下良好的印象。时间可以使双方都得到好处，但这要视具体情况而定。我们现在不去讨论具体的情况，而只抽象提出一些关于时间的最为普遍的原理：

因为大部分对谈判有决定意义的让步都是在最后期限即将到来之际做出的，所以一定要有耐心。坚韧持久的耐力才是真正的本事。在谈判中要尽量控制情绪，冷静判断形势，寻找有利时机。一定要相信，忍耐之后必有回报。等一等，忍一忍之后你往往能够发现原本扑朔迷离的事情顿时柳暗花明。事情或许应该这样做：当不知道如何做时，最好什么都不做。

在一场对抗性很强的谈判之中，最好的策略就是不要让对方知道你的截止期限。永远记住，截止期限只不过是人为决定的，它更多的是你自己决定的。最后期限的弹性远超出人们的意料之外，绝不要盲目遵从已设下的期限，考虑一下超过期限的后果是否值得，再做决定。

对方的表现无论是如何的冷静、沉着，对谈判的事情也总会有最后期限。要记住，表面的平静背后往往有巨大的压力。

只有在对方也向你做出了能够使你获益的承诺后你才可做出

承诺。一般而言，1分钟的谈判肯定不能使你取得最好的结果。一蹴而就的谈判，往往不能令人满意。好事多磨，成功的谈判往往是循序渐进、逐步发展的。人们往往在谈判的最后1分钟，由于对方的改变，才会尝到甜美的果实。谈判的对象不变，但是随着期限的迫近，情况也会发生改变。

在前两章中，我们探讨了力量和时间，接下来再来谈一谈信息。

事随心动。有人在雨中尽享浪漫情趣,也有人担心雨点打湿衣裳。
—— 罗杰·米勒

Some people feel the rain, others just get wet.
——Roger Miller

第 6 章

捕捉信息

"信息"是开启成功之门的钥匙

买马人不会告诉马贩子想要哪匹

信息是处理事情的中心,是开启成功之门的钥匙。信息往往影响我们对事物的判断,左右我们最后的决定。既然信息如此重要,我们为什么总是不能收集充足的信息?因为我们大多数人倾向于认为谈判都是突发事件或者对谈判重视不够。对信息的使用具有很强的功利性,我们很少能够做到未雨绸缪,几乎都是在需要的情况下,才临时抱佛脚,着手收集所需的信息。

我们总是在时间比较紧的情况之下,受到了期限的压迫,才匆忙进行谈判。比如你突然被召唤到老板的办公室,你们之间突然进行了一场谈话;或者是你匆匆决定,然后走进车行购买新车;抑或是你急需一台冰箱,然后走进希尔斯连锁店。当然了,在这么短的时间内,在如此匆忙的情况下,想收集足够的资料真的是难上加难。

我们在分析时间的重要性时，已经知道谈判在行将结束之时往往具有很大的弹性，远远超过人们的想象。基于相同的道理，在你同对手面对面开始谈判时，最好预测一下这次谈判需要几个星期甚至是几个月才能有结果。当你读这本书时，你正处于"准备阶段"，很多谈判都尚未开始。

因此，我们不能孤立、片面地去对待谈判。一次谈判，或者是一次富有意义的互动事件，不仅仅是一件事情，而是一个动态的发展过程，是由很多件事情构成的。如果你能不介意我打的比方，我要说谈判就像是对表演的评估或者是对精神病的诊断，不可能在某个精确的时刻得出结论。举个例子，如果精神病医生在星期五下午4:00说他的病人患了精神病，他的意思并不是说病人在3:59完全正常，而在60秒后突然神志不清，精神异常。精神病发生的过程是要经过一段时间的。

在现实的谈判过程中，己方或双方最常用的策略就是隐藏自己真正的目的和需求。他们往往认为己方的信息对对方来说至关重要，我的信息当然不能让你知道，如果知道的话我肯定会成为任你宰割的鱼肉。我们知道，买马的人绝不让马贩子知道他真正相中的是哪匹马，若是马贩子知道你对某匹马特别中意，他必然会提高价码。因此，如果你能测知对方真正想要的是什么，那么在谈判上你已经占到优势，如果再能探明他们所受的限制及最后期限，无疑会对你更有利。但是，想要从一个经验丰富、老谋深算的谈判专家口中探得这些信息，我想希望是非常渺茫的。

第二部分 | **建立优势** 抓住要领，步步为"赢"

获取信息：在谈判之前更容易

那么你又如何去收集这些信息呢？当然是越早越好。你越早开始收集，就越容易得到这些资料。在谈判之前，我们能够比较容易地套取消息，而且是越早越容易。谈判之前，人们的心情是放松的，戒心也不是很强，但是谈判一旦开始，人人都会有防范的心理。"唉，我什么都不能说，现在可是谈判时间！"

在谈判的准备过程中，你一定要收集大量的信息。你要通过正确的方式不断获取。千万不可像审判犯人一样去问对方，最好是谦虚、客气地请教，把它当作一件微不足道的事，在闲谈中信息自然会源源不断而来。

有些人认为，以强硬的方式或是完美无缺的姿态出现，更能获得真实确切的信息。殊不知事实与此恰恰相反。越是表现得软弱无能，茫然不知，就越能得到更多的信息与忠告。请记住，一个不可一世或是表现得像是学贯中西的人是没人喜欢的。所以，还是将华丽的礼服收在柜子里，拿下高贵的面具，不妨带些瑕疵，不妨以学习的心态去和对方交流。用这种方式，你会发现你获得的信息要比平时更多。你要学会用询问的方式来代替回答的方式。这儿有一个小技巧，你可以向对方提些你知道答案的问题，借此你可以大体判断对方的可信度。

那么哪些人是你搜集信息的对象？从你谈判对手的同事、部属及一些和他有过接触的人口中得到他的信息。这些人通常包括秘书、职员、工程师、清洁工、技工、家人及过去有过往来的客户，他们都是你的对象。如果你以自然平常的方式接近他们，他们还是愿意回答你提出的各种问题。

在我多年的谈判过程中，人们经常是在谈判前一次又一次地告诉我一些非常重要的信息。有一年夏天，我正从事推销工作。我记得一位领班在非正式的谈话中告诉我："你们的产品顺利通过了我们的测试，并且能够满足我们的需求。"他还说："嗨！科恩，你认为我们应该在什么时候正式谈判？我们的存货快用完了。"显然，我是无比欢欣的满载而归，他向我提供的信息简直太重要了。于是我立即分析下次与他们公司的采购经理面对面讨论时，要如何运用这些宝贵的信息。

一般而言，如此直接、轻易地从对方员工口中获得信息，有时甚至是非常重要的信息，是可遇不可求的事情。在某些情况下，借着电话中的交谈或与曾经有过类似谈判经验的人闲聊，总是可以获得这些信息的。

获得信息的另一个来源，是你的谈判对手的竞争者。假设你是买主，如果你知道卖方的成本，那无疑取得了谈判的一个最大筹码，在谈判过程中必然有很大的弹性。然而获得这些信息，要比你想象中容易得多。许多公开出版物如专业杂志及政府机构出版的有关经济调查，都可以提供相关信息。

请记住，你需要的信息恰恰会在谈判过程中使对方受到限制，增大对方的压力。对他们的财务状况、需求的先后、成本、期限压力、

第二部分 | **建立优势**　抓住要领，步步为"赢"

真实需求以及组织压力知道得越多，那么你对谈判的主导力也就越大。而你越早开始搜集，就越容易获得正确的信息。

在多数情况下，比谦恭有礼更能获得信息的搜集方式就是直接说："请帮帮我。"通常情况下，信息的获取往往是双向的，即你必须告诉人家一些信息，以便相对地换取对方的信息。你必须有选择性地向对方提供一些信息，我之所以这么说是出于以下三点理由：

- ◆ 施予总是比领受有福；
- ◆ 但凡警觉性比较强的人，他们在谈话时绝不会超过闲聊的范围，除非有相对的益处值得冒险。因此，在你透露出有价值的信息之前，他们绝不会如此愚蠢地把实情都告诉你。如果你想说服他们告诉你更进一步的信息时，你得先告诉对方进一步的信息。这是一种典型的冒险行为——有计划地建立彼此的信任；
- ◆ 当你在准备阶段中告诉对方有关信息，是希望对方能够降低对你的要求。

第二个原因显然特别重要。如果在谈判中你突然冒出一个别人没听过的步骤，你得到的回答一定是："不可能——这个方法我听都没听过。"

你应当尽可能早地把你的意思透露给对方，并且不经意地一次又一次地介绍它,有这些工作做铺垫的话,再在谈判中正式提出时,对方的回答也许是:"噢,这个方法啊,可以考虑一下。"新的东西总是需要花费时间去习惯。如果对方已经有了印象,也许就会有接受的可能。

当你听到对方对你的某个提议回答"不"的时候,你千万不要感到惊讶。回答"不"是一种反应,并不是他真正的决定。拒绝你提议的人显然需要时间来对你的建议进行考虑和评估,判断接受的可能性,但是随着时间的流逝和你反复地提示,几乎所有的"不"都可以逐渐转换成"也许",甚至"好,我接受"。如果你的时间允许对方能够充分了解你的提议,那么最终对方的态度往往可以产生巨大的变化。

下面就是个典型的例子。

谈判进行时
YOU CAN NEGOTIATE ANYTHING

弹劾总统,短时间谁能接受?

当这份提案第一次被提出时,一份1 600人参加的民意调查中显示,大约90%的人提出反对。他们反对的理由是:"以前从未听说过弹劾总统这种事。""这样做会削弱总统的权威。""为什么要这么做?这会对下一任总统产生直接的负面影响。"。

3个月后,对原来的那1 600人又进行了一次民意测验,

第二部分 | **建立优势**　抓住要领，步步为"赢"

反对的比率降到 80%。又过了几个月，降到 68%，而在一年内降到 40%。为什么这些人会改变想法？有两个理由：

第一，他们获知了更多的信息；

第二，他们对原本陌生的提案逐渐熟悉起来。

请记住，新的建议、提案被接受是一个缓慢的、渐进式的过程。要知道，试图去改变他人的观点、思想、认同感以及期望值时，一定要记得不可操之过急。大多数人都有安于现状的倾向，新理论、新思想常常令人难以接受，只有时间才能改变他们的观念。

读懂暗示：细致观察、仔细倾听

在谈判的实战操作中，你要学习如何倾听对方谈话的技巧。如果你集中注意力，抓住对方谈话的每个细节，紧扣谈话内容的发展，你就可以从细致的观察中判断出对方的感觉、想法、动机以及真正的需求。当然我要你仔细倾听，注意观察并不只是注意对方说些什么，也要重视他们话语中的漏洞甚至是欺骗你的言语。人们对谎言总是厌恶的，但当某些人捏造事实，欺骗对方的言辞含混不清时，也就是得到暗示要及时问清对方真正意图的时候了。

近些年来，人们开始注意研究各种暗示所代表的意义。暗示是一种非直接的信息，它代表的意义含糊不清，有时需要对方解释才能知道真正的意思。从本质上说，暗示可以归纳为下面三种类型：

- 无意识的暗示。在这种暗示中,行为和言语往往能够传达一种无意识的信息(比如弗洛伊德理论);
- 言语上的暗示。即提高音量或加强语气来传递信息,或在肯定或否定之前所说的话;
- 行为上的暗示。这是一种形体语言。经常以某种姿态、面部表情、眼神或是某种手势表现出来,比如坐在会议桌前,用胳膊碰碰身旁的人,或是拍拍旁边人的肩膀等。

为了进一步解释行为上的暗示,或"非言语的共鸣",我先来假设这样一个场景。

一位先生因公出差一段时间,一路上倍感孤单寂寞,渴望尽快回到家中,享受妻子给予的温柔体贴。当他提着行李走向家门时,家中的灯光看来非常昏暗。再走近一些,他听到家中传出了悦耳的音乐,好奇之下,他加快了步伐,赫然发现妻子穿着半透明的睡衣,手里拿着两杯马丁尼酒倚在门旁。

他惊喜地问:"孩子们呢?"

妻子答道:"别管孩子们,他们暂时不会回家。"我现在问你,这是不是暗示?对某些人而言,这暗示好像是说你进错了房子。

在我们所处的社会中,处处有着非语言的信号被传递和接收的例子。妻子是如何告诉丈夫今晚可以或不可以?妻子会不会写张字条:"今晚可以"。我想下面的这个例子我们一定非常熟悉。

当我们还是婴儿的时候,我们是怎么表达我们的需要的?喜欢

第二部分 | 建立优势　抓住要领，步步为"赢"

或不喜欢，都无法用语言表达，但我们的方式仍然能够使对方了解。我们仍然具有这种与生俱来的能力，皱眉、微笑、用手触摸、眨眼，或在交谈过程中与对方进行眼神交流。这些都是行为上的暗示，或者我们称之为形体语言。

人们似乎对非语言信息的表达和接受显得非常着迷。现在出版这方面内容的书越来越多，关于这方面的讲座也越来越多，这些都说明人们对非语言信息的表达和接受产生了浓厚的兴趣。社会甚至对它赋予了正式的称呼，并且有很多人对这个领域进行研究。至于这些非语言的信息在谈判中所能发挥的作用，我想还是非常有限的。多数行为语言所代表的意义是明显的，然而，如果不考虑具体情况，无声的语言还是有被误解的时候。

我举个非常明显的例子来说明行为语言的暗示。

有一天早晨，家中临时有事，耽误了出门的时间。当我上气不接下气地走进办公室时，看到老板正坐在我的位子上。当我走近时，老板将身子往椅背上一靠，双手枕在脑后，皱着眉望着墙上的挂钟。不用说，他是在告诉我，我迟到了。

如果将手势、姿态等行为语言同具体的环境分离开来而去孤立地研究的话，我想不会有什么太大的意义。下面这个例子足以说明我的意思。

假设你向我推销一个产品，在你对我推销的时候，我用两个手指捏着下巴。我的这个动作是什么意思？我是决定买还是不买？我想没人知道它真正的含义，即使是弗洛伊德也难以说出它的含义。

可能是我想到某件事，可能是摸摸我脸上刚起的一个青春痘，也可能是早上刮胡子割伤了自己，也可能想遮掩一下自己的双下巴，或者只是无意识的习惯动作罢了。

如果要解释某人为什么会做出这样的动作，无疑是在浪费时间，它真正传递的意义是什么才是重要的。如果有人固执地去研究无声语言的含义，那么这显然是一个没有太大用处的做法。多数人还是抱着眼见为实的态度，他们会说："白纸黑字比较好。"当写实主义者见到墙上的标语后，通常不会去琢磨标语的意思，而是去煞费苦心地研究它的笔意。在散文家 H. L. 曼肯看来，写实主义者是通过观察，知道玫瑰比卷心菜香，所以就判定玫瑰作汤的味道必然好于卷心菜作汤的那种人。

作为谈判者，在任何交谈中，都要敏锐地捕捉各式各样的非语言信息。在谈判的过程中，不要一枝独秀，或者是冲锋在前，要学会站在人后、冷眼旁观、仔细倾听、认真分析。所谓旁观者清，在走出迷局、冷静思考的情况下，你才能茅塞顿开，获知对方在语言之外的心态以及各种暗示的意义。如果能判断出暗示的含义及倾向，那么对谈判来说无疑是非常重要的信息。

如果对方有一连串的举动，而且这些举动透露的意义似乎大同小异，这时，我们就把这一连串的举动看作是有意义的暗示。假设你向老板提出一项新的计划，当你开始解释时，注意到老板不时看着窗外。这暗示或许不代表什么，就像我捏着下巴时可能只是种习惯性的动作。当你继续阐述你的想法时，老板往椅背上一靠，手中开始玩弄订书机，这是另一种暗示。如果孤立来看，那么玩订书机也不能代表什么，但是如果你将前后两个暗示联系起来考虑，我想意思也就不言而喻。老板的意思是什么？当老板玩弄订书机时，他是想表达："嗯，很好，继续吧！"当然不是这样。写实主义者很可能会想："老板是不是对订书机很感兴趣？"

现在老板站起来，用双手轻轻地扶着你的双肩，并且把你推向门口。这仍是另一种暗示。这时你如果仍是半知半解，那你的观察能力实在是太差了。写实主义者一般会问自己："他为什么扶着我的双肩？他到底想干什么？"而在觉醒之际，你已经在门外而老板正在和你说再见了。很明显，这儿我是过分夸张。但我的意思是如果你能够对一些暗示心领神会，那么在谈判中你无疑占据了很大的优势。如果你能借着暗示得知对方的反应，那么谈判就总是会向着有利于你的方向发展。如果暗示好像不是按照你期待的那样进行，那么你就应当适时地调整应对方法。

以"缓慢增加游戏"的方式玩一场博弈

说到这里，你也许该问了，我们在谈判中应当如何运用这些信息？这儿有一个原理，那就是任何谈判者最渴望从对方那里知道的信息正是对方所能承受的极限。换句话说，买方最想知道的就是卖主的最低售价，也是买方能出的最高价格。而这些是很难从对方的一般性动作中察觉出来的。

假使我为了购买一套最新的音响设备而与你谈判。这套设备运用了最尖端的科技，而且才刚刚上市。假设我们谈判的原因是我最多只想花 1 500 美元买这套音响。然而你销售的这套音响是目前市场上最新的产品，所以希望售价越高越好，以此来判断这套最新的音响对客户的吸引力有多大。

如果我第一次开价 1 000 美元，接着告诉你我愿意出到 1 400 美元，你会认为我能够承受的最高价格是多少？如果你我之间有一些信任度存在，你也许会推测我的预算是 1 600 美元，或是 1 800 美元，甚至是 2 000 美元。为什么？因为我起先给出 1 000 美元，然后一下就跃升到了 1 400 美元，这之间的差距很大。因此，你可能认为我的预算不止 1 500 美元。即使我对你发誓，你也不会相信我。但事实上我只有 1 500 美元，由于惯常的反应，你也不会相信我仅有 1 500 美元。经验告诉我们，每次还价的差额是判断对方极限的最佳依据。

因此，如果谈判的环境充满了竞争的味道，你把我看作是强劲的对手，同时我们之间还要取得合作性的成果，那么我只能同你玩一场游戏。在上面的例子中，我要怎么做才能使你相信我的预算真的只有 1 500 美元呢？最初我只会出 900 美元。当你拒绝接受后，我加到 1 200 美元。下一次我加到 1 350 美元后又等一会，经过一番考虑后，我又加到 1 425 美元。后来，我给出了一个奇特的数字——1 433.5 美元。如果我采取这种方式的话，你就比较容易相信我真的只有 1 500 美元了。因为每次加价的差额都是逐渐减少，以至于最

第二部分 | **建立优势** 抓住要领,步步为"赢"

后到了举步维艰的地步。后来,我每次加价都经过深思熟虑,而不是漫天还价。我们称这种谈判的方式为"缓慢增加游戏"。

有些人或许会说:"我并不喜欢玩游戏,为什么不能直截了当地说呢?"当然而且完全可以直截了当地说。但是请记住:为了取得合作性的结果,这个游戏你就得非玩不可。你如果确实不愿用这种方式,当然也有其他方法可以选择:在双方之间建立起互信,就可以不用兜圈子玩游戏。但是要记得,在每次谈判中,你都要以相同的态度同对方商谈,必须诚实,否则又会回到玩游戏的处境中,并且永远屈居劣势。

我再强调一次:为了在竞争性的环境中取得合作性的结果,你必须玩竞争性的游戏。

这使我记起曾经与一位不用"缓慢增加游戏"的人进行谈判的经历。

谈判进行时
YOU CAN NEGOTIATE ANYTHING

理赔员疏忽,我占尽便宜

我的邻居是位医生,当然了,是一位专业人士(这里所谓的专业人士是指那些喜欢赚钱而又不愿挂在嘴上说的人)。在一次暴风的袭击中,他的房屋受到损坏。他来找我说:"赫布,帮我一个忙行吗?保险公司的理赔员要来讨论赔偿的事,你知道他们希望尽量少出钱。你对这方面轻车熟路，能不能请你替我同他们谈一下？"

我答道："好呀，乐意效劳。你希望保险公司赔你多少钱呢？"

他回答："看看保险公司是不是能赔我 300 美元。"

我点了点头，然后又问："告诉我你这次实际损失的金额。"

他回答道："我敢肯定，要比 300 美元多。"

我说："好，那你要是能得到 350 美元的话，觉得怎样？"

他大声说："哇！350 美元那就太棒了。"

我所做的是在谈判前掌握他的实际要求，以免谈判后他对结果不满，再要求改变就困难了。

半小时后，理赔员按响了我家的门铃。我把他带到客厅就座后，他一边拿出资料一边对我说道："科恩先生，我知道你是谈判方面的专家，涉及巨额款项的谈判对你来说都是小菜一碟，不过，恐怕我无法承受你的要价，我们公司如果只能出 100 美元的赔偿金，你觉得如何？"

我沉默了一会儿，但是表情却异常严肃。对任何谈判，我都要在之前做大量的准备工作，不论对方提出的条件如何，我都会表示出不满意。而且在以往的经验中，当第一个条件提出后，总是暗示可以提出第二个提议，甚至第三个。在我们今天的谈判中，我通过观察他的表情发现，当他用到"只能出"的字眼时，流露出了难为情的神态。既然他都不好意思，我又何必接受。

第二部分 | **建立优势** 抓住要领，步步为"赢"

在我对他的报价嗤之以鼻，回复难以接受后，理赔员说："抱歉，请不要介意我刚才的提议。我再加一点，200美元如何？"

我回答道："加一点？抱歉，无法接受。"

他继续道："好吧，那么300美元如何？"

我稍等了一会儿回答道："300？嗯……我不知道。"

他吞了吞口水然后说："好吧，400美元。"

我说："400？嗯……我不知道。"

他说："行了，就赔500美元吧！"

我说："500？嗯……我不知道。"

他又说："这样吧，600美元。"

现在我问你，你认为我该怎么说？对了，你猜对了，我会继续说："嗯……我不知道。"为什么我会一直回答"嗯……我不知道"？答案我也不知道，我只知道这样回答的效果无穷。

这件理赔案最终以950美元达成协议。我到隔壁找邻居签字，他抓着我的手问："谈得怎么样？"我回答说："嗯……我不知道。"

到今天回想起来，我也不是很清楚为什么那次谈判的结果是如此完美。理赔员不经意的暗示，使我占尽了便宜。

第三部分

掌控局面
"竞争"或"双赢"的策略

谈判分为两种。一种是竞争性的"我赢你输"的模式;另一种是合作性的"双赢"模式。一旦你掌握了这两种不同的策略,那么无论碰到怎样的对手,你都有更大的机会获胜。

> 永远不要动怒，永远不要恐吓别人，你必须以理服人。
> ——唐·柯里昂神父
>
> Never get angry. Never make a threat. Reason with people.
> ——Don Corleone The Godfather

几年前在一次旅途中，我当时正乘坐着一架航班，身旁的乘客问我："请问你在哪儿高就？"

我答道："我是个以谈判为职业的人。"

我看到他眼光一闪，强忍着没笑出来。从他的反应中，我知道他一定在想："这人可能是个铝合金门窗的推销员。"

不幸的是，大多数人对"谈判专家"都存有误解，认为这并不是一个体面的职业。每当他们听到"谈判专家"一词时，总会认为这些人就是不择手段地从无辜的牺牲者手中掠夺果实。不可否认的是，确实有一些人在干着这样卑劣的事。

然而，大多谈判专家所从事的谈判无非是满足我的需要、你的需要以及组织的需要的一种方法。事实上，谈判的方式从大的方面来看可以分为两类，一种是竞争性的，我们可以称其为"我赢你输"模式；另一种是合作性的，我们称之为"互惠互利"模式，也可以称之为"双赢"谈判。

现在就让我们集中在谈判的这两种最基本的模式上，每个人在处理任何一件事情时都可应用得上。

在随后第7章中，我将介绍谈判的一种方式，这就是"满足自我，不惜一切代价"。在这种方式的谈判中，谈判参与方都尽其全力争取成果而不去考虑给对方带来的不良结果。即使你不会使用这种方式，也应该对其有所了解，避免在这种谈判中利益受到损害，成为这种谈判方式下的牺牲品。

在第8章"双赢谈判，互利互惠"和第9章"更多的双赢技巧"中，我们重点从如何在谈判中击败对手转移到如何解决问题以达到互惠的目的，取得令谈判参与者都满意的效果。在这种方式的谈判中，每个人都会搁置争议，通力合作，共同寻找创造性的解决方案，最终使各方的需要都得到满足。

> 谦和温顺是人性发展的趋势,但它并不是人类与生俱来的。
> —— J.保罗·盖提

he meek shall inherit the earth, but not its mineral rights.
——J.Paul Getty

第7章
赢一输模式
满足自我,不惜一切代价

艾弗瑞德·杜利特在电影《窈窕淑女》中唱道:

> 上帝让人帮助他的邻居。
> 无论是在哪儿——陆地、海洋,
> 但你需要些运气,
> 因为当他前来帮助时,你却常不在家。

这首歌的歌词是一首抒情诗,由英国人艾伦·杰·勒纳所作。虽然这首诗是典型的英国式诗歌,却几乎可以用于所有的西方文化背景中。对多数人而言,我们居住的世界充满了竞争。一个人的成功与否,不再是以他本身的才能作为判断的依据,而是看你能领先别人多少。我们都生活在一个充满"输赢"的社会中。高中生为了考进理想大学而不懈努力、激烈竞争的情形,丝毫不亚于麦当劳与汉堡王之间的商业战。

有些人视生活为充满输赢的战争，这场战争中处处有竞争、处处有对抗。因此他们觉得世上处处有敌人，个个是对手。在这种理念的引导下，他们无时无刻不在为争夺更好的工作、更高的社会地位、更多的工资和升迁机会而费尽心机。

在这里，我可以很自然地引出一个概念，这就是竞争性的谈判者。竞争性谈判者几乎把每件事都看作不是你赢就是我输的残酷竞争。他们是倔强的斗士，他们不惜一切代价，不管别人的需求和感受，只要能达到自己的目的或是满足自己的需求即可。他们的价值观是一切从自己的需求出发。无疑，他们认为自己的做法是正确的。对于这种人来说，每次胜利都会给他们带来极大的喜悦，同时更增强了他们与人竞争的决心。

尽管这种观点和策略运用的范围非常有限，但是确有一些人，他们不管对手是和自己的利益大体一致的人还是有根本冲突的人，都会对其采取这种方式。他们只顾追求自己的目标，满足自己的需要，而丝毫不考虑对方的需求和感受。如果他们之间是一种长期的关系，那么这种不惜一切代价式的谈判所带来的后果，往往会严重伤害彼此的关系。

竞争状态，也可以称为输赢状态，总是在某些人或某些团体损害了对手的利益，达到了自己的目的时产生的。这种准备凯旋的获胜方法总是在一开始就大声喧扰，向对方施以恐吓，继而狡猾地操纵对手。

你该如何区分这些只论成败的谈判者呢？很明显，你要想从

第三部分 | 掌控局面 "竞争"或"双赢"的策略

他们手中得到你想要的信息或者利益简直比登天还难，他们狡猾得让你无法发现他们的面具。他们看起来谦逊而体贴，他们对你的需求看似关切。他们的嘴角总是挂着微笑，眼睛总是一眨一眨，风情万种。只有在他们离去之后，你才发现自己血流不止，浑身是伤。你甚至无法脱下大衣，因为背上已被插上了匕首。只有在他们拂袖离去之后，你才警觉到自己受到了多大的伤害，而这时已经是亡羊补牢，为时已晚。

为了避免酿成惨剧，在谈判之舞中有6个基本的舞步供你学习：

开始发难。他们总是在开始之际提出难以达到的要求，或是冒出一个荒谬的提议，以此来扰乱对方的预期目标；

有限权力。负责谈判的人只有一点点让步的权力，有时甚至连一点让步的权力都没有；

演绎情绪。他们面红耳赤，扯开嗓门，对你怒目而视，好像你占了他多大便宜。有时他们甚至停止谈判以示抗议；

步步紧逼。他们往往视对手的让步为弱点的暴露，如果你屈服或是对他们承诺了什么，他们绝对不会有来有往，而是步步紧逼，穷追猛打；

一毛不拔。他们往往吝惜做出任何让步。在让步这个问题上，他们一拖再拖，即使最终好像做出了让步，也和原来的要求相差无几；

漠视期限。他们表现得极有耐心，时间对他们来说似乎没有任何意义。

介绍了谈判的 6 个舞步之后，我们现在用大量的实例和类比来对这 6 个舞步逐一进行剖析。

开始发难：在竞争者之间制造矛盾

每当购买昂贵或大量的物品，买主总是先给出一个低得不能再低的价格。通常这一步都是秘密进行的，以免其他买主参与进来造成互相竞价的局面。这种策略的运用主要是使卖主误认为他们是唯一的买主，除了他们，卖主再无生意可做。

对于他们如何充当买主，我这儿有一个实例。

> **谈判进行时**
> YOU CAN NEGOTIATE ANYTHING
>
> ### 买主怎样坐收渔翁之利？
>
> 大约 30 多年前，苏联人看中了长岛[①]北岸的一大片土地，他们计划在这里为大使馆人员盖一幢包括活动中心在内的综合服务楼。那个时候，土地的售价在 36 万美元到 50 万美元之间，卖主希望能以 42 万美元的价格卖出。
>
> 他们会照价付 42 万美元或是 36 万美元吗？绝对不可能。

[①] Long Island，美国纽约市东南一个狭长的岛屿。长岛西部有纽约市的两个区。1945 年后岛上的居民数量快速增长，工业和经济也高速发展，岛上度假村和休闲场所林立。——译者注（下文中除非特别注明，注释皆为译者注）

第三部分 | 掌控局面 "竞争"或"双赢"的策略

他们似乎熟谙"逐渐相加"原理的真谛,用低得可笑的出价来慢慢玩游戏。

他们第一次开出的买价是12.5万美元。价钱的确是低得可笑,但是没有人笑出声。他们是如何让别人无法发笑的?他们只是遵循买东西时的惯例:永远在秘密状况下谈判,避免任何可能的竞争者参与。

在这项交易中,他们付出了极小的代价就获得了一年内独家购买的权利,而且这一切他们都成功地进行了保密。卖主也知道12.5万美元的出价非常荒谬,但是苦于协议的约束,无法使其他买方参与进来。

3个月之后他们又开口了:"我们知道这个价钱是低了些,或许我们可以多出一点。"

所以,最后他们轻而易举地使卖方自动将要价降到了正常价格的最低点——36万美元。他们真的很厉害,卖主就像棋盘上的棋子,任由摆布。

但是只要他们的角色一变,由买方成为卖方时,他们的态度却马上出现180度的大转弯。他们会提出苛刻的价格,然后敞开大门广为邀请,鼓励大家一起参加竞争。在竞争者之间制造矛盾,让竞争者相互竞争,而他们则坐收渔翁之利,从中牟取暴利。

一个最明显的例子就是1980年莫斯科奥运会电视转播权的售价。

让他们相互竞价，你才能卖出高价

奥运会电视转播权的售价从1960年罗马奥运会时美国哥伦比亚广播公司购入的价格到1976年蒙特利尔奥运会上美国广播公司给出的价格有了很大的提高，大概情况如下：

1960 年 150 万美元

1964 年 300 万美元

1968 年 500 万美元

1972 年 1 300 万美元

1976 年 2 200 万美元

而奥运会主办方以其惯用的手法，使这个可以预测的程式完全失灵。在1976年夏天蒙特利尔奥运会期间，美国三大电视台的高级行政人员被邀请到停泊在圣劳伦斯河畔的亚历山大·普希金号船上同他们进行密谈。当然了，每家电台的代表都是单独同他们进行会面，在会面中，他们要价2.1亿美元，要求是现金。可见，他们的要价呈几何级数增加。

在第一步迈出之后，他们接着又使用了我以前提过的伎俩：鼓励三家电视台彼此竞价。他们邀请美国广播公司（ABC）、美国全国广播公司（NBC）以及哥伦比亚广播公司（CBS）的代表到苏联的首都，很自然地把他们当作英勇

第三部分 | 掌控局面 "竞争"或"双赢"的策略

的角斗士放在古罗马的竞技场内相互搏杀。罗恩·阿力格，当时美国广播公司的体育节目主管诉苦道："他们把我们当成了三只关在瓶子里的蛐蛐。残酷的搏斗之后，两只战败而死，战胜者亦因此而精疲力竭。"

在莫斯科与曼哈顿之间，我目睹了这场战争的部分场景。在讨论过程中，我也恰好在场。参加了一次为斗士们提神的宴会，饮着从未尝过的上好伏特加酒，嘴里嚼着最好的鱼子酱，我看到了一张张紧张疲惫而又充满决心的面孔。

竞争开始之后，各家的出价如下：NBC，7 000 万美元；CBS，7 100 万美元；而 ABC 的出价是 7 300 万美元。当时我猜测 ABC 十有八九会获得转播的权利。然而，谁知道 CBS 雇用了罗瑟尔·伯克，一位来自德国慕尼黑的谈判专家。在伯克的协助下，苏联代表与 CBS 的总裁威廉·S.帕利在 1976 年 11 月举行了会晤，CBS 同意重新提高竞标价格以争取奥运会的转播权。

这时，每个人都以为 CBS 会最终赢得这场竞争。但是他们天生吹毛求疵的本性，使他们在同年 12 月间再次宣布公开议价。CBS 的行政人员因此非常沮丧，但还是到莫斯科参加了 12 月 15 日举行的竞价。然而,让人没想到的是，他们竟然宣布，在此之前的投票仅仅是让三家电视台进入最后拍卖阶段的"资格赛"。美国人对主人的这种厚颜无耻的行径感到震惊不已，最后三家电视台终于退出了这场没有意思的竞争，不约而同地打道回府。

这件事的结果是他们竹篮打水一场空。在苏联，空手而归就意味着可能遇到了很大的麻烦。美国的官员如果在重大的谈判中失利，无功而返，或许会影响到他们今后的前程。但是谈判失利、空手而归的事情发生在苏联，参与谈判的人可能连性命都难以保住。

为了能使这种无功而返的情况得到补救，他们又想出了一个办法。他们忽然宣布奥运会的电视转播权目前已经归美国纽约的一家名叫"塞特拉"的贸易公司所有。塞特拉公司并非我们所想象的那种集多种产业于一身的大型公司，只不过是一个直接受到他们控制的组织。

巧妙地用塞特拉公司作为杠杆，他们又诱使罗瑟尔·伯克在其中牵线搭桥，同各家电视台重新建立联系。伯克最后还是帮了他们，并且把这个机会提供给了NBC。经过一番甜言蜜语的诱劝，伯克晕头转向地往返于莫斯科与曼哈顿之间，最后终于把奥运会的电视转播权以8700万美元的价格卖给了NBC。除此之外，NBC还要付给伯克600万美元的服务费以及所有相关的交际应酬费。当然，在这次购买电视转播权的事件中，对NBC、ABC和CBS三家广播公司而言，NBC是最后的赢家。（注意：他们从未认真考虑过他们最初的要价，一个荒唐的数字——2.1亿美元。人

第三部分 | **掌控局面** "竞争"或"双赢"的策略

们后来才知道他们真正希望获得的转播权的售价是在6 000到7 000万美元之间。)

多年前,我供职于一家大型的伤亡保险公司,该公司办公室的很多地方都张贴着他们处理理赔案件的理念:"快捷服务,对所有的合理申诉必须公正处理,对所有的受害者要关怀备至、体贴入微。"

尽管他们张贴的理念如此冠冕堂皇,但并不等于他们的做法也同样可亲可敬。公司内部的运行机制是对那些能够使顾客在最短的时间内接受公司最少赔款的业务员进行重奖。他们使用这种策略之所以屡屡得手,是因为申请理赔的人错误地认为理赔员是他们唯一可以接触的人。他们认为理赔员是公司的全权代表。事实上他们有其他的选择:他们可以向管理保险公司的政府机构投诉,可以直接写信给保险公司的总裁,或是亲自前往保险公司要求与理赔部门的经理谈判。可以向民事法庭提出诉讼,他们也可以交由律师处理,他们甚至还可以把一些情况透露给保险公司的竞争对手。

一开始就要价过高以及不同买家之间强烈竞争的情况,也是我们非常熟悉的现象。每个拍卖会场也都可以见到这种景象:很多买主齐聚一堂,彼此竞争互不退让,结果使价格大幅飙升。一旦你手中拥有比较稀有的东西,可以是某个物品、商品,也可能是服务,卖者知道如何利用买者贪婪的心理抬高售价。几年前,美国从日本进口的马自达 RX-7 型跑车，一上市就供不应求，于是代理商竞相抬价以求购得现货，结果使车价比原价高出了 2 000 美元，这件事情也说明了这个道理。

为什么这种非输即赢的谈判方式仍大行其道呢？是我们给了他们市场。我们在一开始就受到他们发难的影响，而在随后的谈判中，我们又发现对方做出让步是那么困难，以至于最后把自己逼上了绝路。下面我们就来看看他们为什么总是权力有限。

"一把手"往往是最差的谈判者

这是很多年前的一件事。有一年冬天，天冷得出奇，我想在芝加哥市的二手车市场买一辆旧车。由于当时天寒地冻，为了不在冰天雪地里受罪，我尽快地选好了一部车子，并提出了价格，希望能很快成交并马上离开这里。让我觉得可笑的是，卖主面露难色，他对我说："请等一等，我必须问一问小木屋里的人。"现在我问你，你相信小木屋里会有人吗？芝加哥的冬天是什么滋味，怎么可能有人在这个时候待在小木屋里？

但是，任何事情都要反过来考虑一下。绝不要让你自己，或者是任何替你谈判的人有太大的权力。一定不要向你的委托人说："你不管怎么做都没有关系，我给你最大的权力。"或许你还记得纳维勒·张伯伦到慕尼黑与希特勒谈判，他当时就有很大的权力。显然，他的那次谈判是非常失败的。

第三部分 | 掌控局面 "竞争"或"双赢"的策略

如果你要授权他人去做某件事,一定要记住必须让他们在制定目标时置身其中,并且要使他们觉得这项工作切实可行。只有这样做,他们才会觉得有责任将你托付的事情做好。当然了,你派出的谈判者要想出色地完成你交给的任务,就必须有一定的权力。但是,你只能给他有限的权力。比如你对他说:"这是我给你的价格范围。如果你能在这个范围之内完成任务,那就太好了。如果不能,一定要回来,我们一起研究。"

在前面的章节中我曾经提到过,最不好的谈判就是你为了你自己而进行的谈判。因为在这种谈判中,你完全投入,受到的影响当然最深。除此之外,当你为自己谈判时,你有百分之百的决定权。这很容易让你在头脑不冷静的情况下,在没有充分思考的情况下,武断地做出错误的决定。

那么你应该如何避免这种情况发生呢?从你手头掌握的现金开始着手。至少在一段时间内,有意识地给自己设置一些限制。在每次谈判之前,你可以自己对自己发誓,一定要遵守自己的规定。比如你在购买电视机前,对自己说:"我最多只能花 1 200 美元买电视机,必须这样,多一分钱也不行。如果今天 1 200 美元买不到,我就回家。"

在一场谈判中,谈判参与者的权力越大,就越容易吃亏上当。在任何组织或机构中,最差的谈判者就是该组织或机构的一把手。比如一个城市里最差劲的谈判者是市长,公司里最差劲的交涉者是老板,而代表美国进行谈判最差劲的人就是总统先生。尽管这些一把手本人的确是优秀、富有耐心的专家，但是他们手上的权力会使他们陷入泥潭。

我必须告诉你谈判对手的另一个常用伎俩：通过对情绪的精彩演绎使你受到迷惑。

常见的诡计："情绪表演"

很多年来，他们都是经常无理地将文件摔在一旁，甚至是在没有受到任何挑衅的情况下突然从会议中拂袖而去。他们有时还会做出对别人进行人身攻击的无礼举动，这一切都是为了向对方挑衅，以此激怒对方。谁能忘记赫鲁晓夫曾经在联合国的会议中，竟然粗鲁地用鞋子敲打桌面？人们在知道这件事后的反应是："我的天，真是个野蛮人。即使是小孩子也不会做出这样的事。要是哪天起床后觉得不顺心，整个世界都会被他吹垮。"

几个月后，有人将拍摄赫鲁晓夫用鞋敲打桌面时的照片放大，用显微镜仔细观察。令人吃惊的是，赫鲁晓夫桌子下面的两只脚上仍然穿着鞋子。这到底是怎么回事？依我看，有三种可能：

第一，这家伙与众不同，有三只脚。这种可能性似乎不大。

第二，那天早晨着装时，他对侍从说道："往那个棕色的纸袋里装一只鞋，下午三点我要用。"

第三，会议期间，他对旁边的一位代表伊万诺维奇说："把你的鞋子脱下来给我，我待会儿要用。"

第三部分 | 掌控局面 "竞争"或"双赢"的策略

我们讨论的是一个精心设计的诡计,而这一诡计有着预期的目的。那么他达到目的了吗?很可能达到了。屁股被打的滋味并不好受。人们都有在威胁面前屈服的倾向,都不愿受到伤害。这让我想起一个老笑话:哪儿有可以让400磅重的大猩猩睡觉的地方?答案是:任何它想睡觉的地方。这也许就是他们所期待的回答。

当然,敲打桌子并不是唯一用情绪影响别人的方法。任何一种简单的方式,都可以达到目的。你有没有遇到过,当你试图和某人谈判时,对方突然哭起来?这是你的不幸。想想以前的事,你是否有过类似经历?当你和丈夫、妻子、子女为某件事争论不休时,虽然情、理都偏向于你而对方毫无辩解的余地,但就在这时,对方突然泪流满面地求你饶恕时你该怎么办?

你将作何反应?你会想:好啊,这下你可惨了,我说什么你就得听什么吗?

见鬼!你肯定不会这么想。我们大多数人在遇到这种情况时都会退一步说:"哦,很抱歉我把你惹哭了。是我不好,我想恐怕是我错了。"你很可能还会进而让步说:"行了,我满足你,还会给你额外的赔偿。这是我的信用卡,你拿着它上街吧,想怎么花就怎么花!"

当然我并不仅仅指女人哭泣。我个人认为,虽然男儿有泪不轻弹,但关键时刻如果真的掉泪,效果比女人的泪水还要好。我这样说是有根据的。我知道有家公司一年来一直想解雇一个高大强壮的男领班。公司的做法非常谨慎,因为对于一个努力工作的

143

人，我们不能通过发出解雇通知书或是当众宣布"你被解雇了！"这种简单的办法解雇他。

于是，公司召开了一个"咨询会议"，其间人力资源经理同要被解雇的职员进行谈话，内容主要是围绕"公司之外的生活"以及"职业选择"进行。对于这些非常敏感的暗示，员工通常会产生回应，自己决定离开公司，有时甚至会为公司省下一笔遣散费。

事情的经过是这样的：去年该公司的人力资源经理曾经4次同这位领班谈话。每次谈话他总是试图暗示那个领班能否离开公司。不过每次都是刚要谈到正题时，这个领班就会泣不成声并且很快号啕大哭。当然了，这也许是一个极具艺术性的表演，但是每次表演都迷惑了人力资源经理。结果，人力资源经理后来只能对其他人说："如果你想解雇他，那么你去吧。我可做不到！"最近，我听说这个公司还是放弃了解雇这个领班的想法。

如果泪水可以发挥作用，不管是自发的还是故意的，那么愤怒也同样会产生效果。

假设有这样一个情况：我正在和你谈判。我们在你的办公室就我们公司的一个软件开发项目谈了一个上午。你急于谈成这件事，想承担这个项目。就在我们马上要谈到具体价格时，你突然瞥了一下手表说："我们是不是先吃午饭？这儿附近有一个很棒的餐厅，那儿我非常熟悉，不需要预订座位。"

当我们在你熟悉的餐桌就座之后，你翻看着标价令人咋舌的菜单，然后点了食物和酒水。我一边喝着马丁尼酒，一边问你："告

第三部分 | 掌控局面 "竞争"或"双赢"的策略

诉我,你打算为这个软件开发项目开价多少?"

你回答道:"好的,我们实话实说。赫布,我想大概要24万美元。"

听到如此天价,我就像受到强烈的刺激一般,马上大叫起来,脸涨得通红。冲你大喊道:"你疯了吗?你到底想干什么?24万美元?简直是个天文数字!你以为我是谁?"气氛一下子变得非常难堪,由于我的失态引起了餐厅很多人的关注。你掩嘴说道:"嘘!"

我更加来劲,又抬高了嗓门,大声吼道:"你一定是疯了,简直是强盗!"

你现在真是恨不得钻到桌子底下去,因为这里的很多人只认识你而不认识我。在众目睽睽之下,你有些手足无措。餐厅领班盯着你发愣,不知如何是好。连手中端着我们烤肉的服务员也迟迟不敢过来,生怕过来后被误伤。

你当然会猜到当时的旁观者都想些什么。"你为什么会让我这么生气?是不是你骗了我?"其实,是我在胁迫你。在这种情况下,你还会继续和我说吗?估计在公众场合你是不会再和我说这件事了。但是如果你还要和我说下去,那么你开出的价肯定比24万美元低多了。

奇怪而有趣的是,沉默非常容易运用,但是它所产生的效果与流泪、生气以及其他侵犯性行为比起来一点都不逊色。

在所有的"情绪表演"中,以下这个例子给我留下的印象最为深刻。

优势谈判
沃顿商学院谈判实战课

我和妻子结婚已经有 22 年了，应该说我们的婚姻非常快乐。每当我们有争议的时候，她的"惯用伎俩"总是保持沉默，也就是退避三舍，我称这种方式为"自我回避"。你肯定了解我的弱点，经常出差在外。

假定我在外地出差两周后回到家里，渴望得到家里的温暖和关怀。一进家门我就大喊道："我回来啦，亲爱的，你们在哪儿？"

悄无声息。

等了等，还是没有任何回答。于是我又喊道："嗨，我回来啦，是我，有人吗？"

还是没有动静。

终于，在一种似乎是故意的拖延之后，妻子款款而来。她非常镇定并且对我的到来显得漠不关心。尽管这样，我还是跑上前去说道："亲爱的，是我，我回来了！"

但是我得到的还是沉默。

"出什么事了吗，亲爱的？是不是有人生病了？出什么事了？"

仍然鸦雀无声。

她不带任何表情地看着我。这时我在想什么？"哦，她一定知道我不知道的事。我又做错什么事了？我知道我该做什么。坦白就是了。"但我又怎么坦白呢？那就只有一五一十地将我的所有错误都坦白出来。

第三部分 | 掌控局面 "竞争"或"双赢"的策略

如果你采取沉默的方式，那么等于你无形中在逼着对方讲话。这样总是会令对方感到不安，从而迫使对方透露出你不能轻易得到的信息，从而达到一种平衡状态。

还有很多有关"情绪表演"方面的例子。笑，也是一个行之有效的手段。如果你不想要过于认真的讨论；或是你想改变话题；如果你决定反击对方，那么一阵爆笑会使你的目的如同利刃割草般容易达到。

假如你在周末举行了一个车库拍卖活动，而我碰巧经过这里，停下来看一看你都有些什么东西要卖。其中我注意到一个古老的雪橇，上面贴了张纸条写着："珍贵古董——议价。"《公民凯恩》是我平时最喜欢看的一部电影，因此我深受这个电影的影响。于是我对你说："这雪橇我出价7美元。"

我说完之后，你突然大笑起来。当然了，其中的原委我是不得而知的。那么我会怎么想呢？"有什么好笑的？哦，是不是我裤子上的拉链开了？我实在是不该给如此珍贵的古董出这么低的价！"在你的笑声的压力下，我会对刚才的报价重新考虑。当然了，在这种情况下，如果一个人对这种古董有所研究并确实想买的话，那他肯定会认真考虑重新出价。

突然走开也可以说是一种"情绪表演"的策略。特别是在出乎预料的时候，突然离开往往会使对方深感吃惊并让没走的一方非常难堪、沮丧，它使事态变得更复杂、模糊不清、难以预测。

假设有这样一个情况：

一对夫妻下班后来到了一家幽静的餐厅共进晚餐。用餐过半时,妻子告诉丈夫一个好消息,如果她去公司的一个分公司工作的话,工资可以涨50%。丈夫听到这个消息后,脸上出现不悦之色,很显然,他并不同意妻子去外地工作而换取50%的加薪。他并没有直说,而是问道:"那我怎么办?我的工作怎么办?"

妻子回答说:"别担心,我们当然一起去了。至于你的工作——不管到哪儿,我们加起来总是划算的!"

突然,丈夫毫无预兆地起身,草草说了声"对不起"后就径直向门口走去。

丈夫不辞而别5分钟后,妻子才感到事情不妙,这时她才开始考虑到底出了什么事。一系列的疑问接踵而来:

他是不是因为生气走了?

他是不是不舒服?

或许他只是出去向停车计时器中投个硬币。

或许是去洗手间或者出去打电话了。

我是不是说错什么话了?

他听了我的话后是沮丧还是羡慕?

我带的钱够付账吗?

他会不会出事?

他还会回来吗?

我怎么回家呀?

第三部分 | 掌控局面 "竞争"或"双赢"的策略

就在这时,服务员的一句话使她本来焦躁的心绪变得更糟。"请问,你的菜是现在全部上齐呢?还是等你的朋友来之后再上齐?"

如果想使别人更加忧虑,那么隐性威胁是一个非常有效的武器。这个方法恰好利用了被威胁者的想象力。因为人们认为可能发生的事情总是比已经发生的事情可怕得多。很容易理解,如果一个人认为另一个人有能力对自己进行威胁,那么这种对威胁的想象要比威胁的实际行动更让人毛骨悚然。

举例来说,如果你我卷入了一场势不两立的谈判之中,我想向你施加更大的压力,那么我会故弄玄虚,让你根本摸不准我的态度,我绝对不会说出明显威胁你的傻话,"我会剁了你的手指"。这绝不是明智之举。你猜我会怎么做?我会盯着你的双眼说:"我永远不会忘记你的这张脸,欠债还钱,咱们走着瞧!"谁知道我说的话是什么意思?如果光从字面上看的话,我并没有明确表态。但是如果你认为我有暴力倾向而且具备实施暴力的力量时,你肯定不会保持镇静,很可能因为我的话而乱了方寸。

当然了,精明的人绝对不会轻易恐吓,他们总是保留一定的威慑力量并使这种力量持续产生威胁对方的效果。因为一旦威胁付诸行动,那么威慑力马上就会减小,对方的压力反而减轻并且会进行调整,进而发起反击。

1979年,新奥尔良市可能会发生一次警察罢工。如果罢工发生的话，一年一度的"马迪格拉日"[1]庆典很可能被迫取消。只要罢工的可能性存在，那么罢工组织者同当局谈判就会占据绝对主动权。但如果警察们错误地决定真要罢工，"马迪格拉日"因此受到影响，那么公众的态度很快会转而反对罢工一方。罢工方会因此而丧失谈判的筹码，所有的预定目标都会化为泡影。

几年前我参加了一次"拉维尼亚音乐节"[2]。由于参加音乐节的人太多，停车成了一个大问题。令人高兴的是，我找到了一个离现场不远的静谧的小路，正好是停车的好地方。刚一下车，我就注意到停在我后面的一辆车的挡风玻璃上贴着一张类似于广告的小纸条。于是我停下看了看，上面是这样写的：

> 这部车子停的地方属于私人财产。车牌、车型和车号已经登记在案。如果我们发现这辆车再次停到这里，那么车将被拖到克莱普那兄弟处，车内物品将被尽数焚烧，车身将被压成若干个45.7厘米×91.4厘米×91.4厘米见方的铁块。你会在家中见到这些铁块，这将是你把车子停在私人土地上的纪念。

这无疑是一段玩笑话，不知道写这段话的人是不是真有权力这样做。但是忧虑和担心还是油然而生，我需要的是车子而不是茶几，

---

[1] 四旬斋前一日，一个宗教节日。
[2] 芝加哥北郊每年夏天举行的一个音乐节。

第三部分 | **掌控局面** "竞争"或"双赢"的策略

于是我还是决定另寻他处。

当然了，情绪运用的方式还有很多，下面这种是大家都非常熟悉的。请听一个母亲打电话给独自在外生活的孩子的对话：

母亲：你好，帕特！知道我是谁吗？我是你的……

帕特：哦，妈妈，你好吗？我一直想给你去电话呢。

母亲：很好，你不一定非要给我打电话。我是你妈妈，所以你干吗还要花电话费？

帕特：呵，妈妈，我一直都在忙着工作，你最近好吗？

母亲：我这样年纪的人还能怎么样？听着，孩子，周六我要给你过 29 岁的生日，我已经请了我最好的朋友来一起给你过生日。我还专门为你定做了一个非常精美的蛋糕……

帕特：但是，妈妈，周末我打算出去旅行的。我上次不是跟你提到过吗？

母亲：你的意思是说你很忙，连几个小时的时间都抽不出来陪我吗？

帕特：那倒不是，主要是我已计划好了这次行程并且已经……

母亲：那好吧，帕特，我理解你。打扰你了，我会告诉我的朋友们你没有时间。

帕特：拜托，妈妈，我不是这个意思。

母亲：别说了，我知道。你不必为我担心。我会处理好的。反正法律并没有规定子女必须看他的母亲。

或许这个例子描述得有些戏剧化,但是它的确向我们展示了另一种影响别人情绪的方法,这就是表现出自罪感。在《2000岁的老人》这个漫画中,梅尔·布鲁克斯精彩地演绎了这种方法。他在画中描绘了一对年迈的父母,冒雨长途跋涉去儿子的住所。到达后,儿子热情地招呼他们,请他们进屋。但是年老的父母却宁愿站在雨中,并且柔和地说:"没事,只要能来看你,淋点雨不算什么,我们不会介意。"

这种情况经常会在关系非常亲密的人中发生,但是有时也会出现在家人和朋友圈之外。你是不是曾请求老板给你加薪,但是他却回答:"你觉得你有话要说,我又向谁去申诉?谁来给我加薪?"姑且不论他的这番话是否公平,但他却使你萌生了自罪感,你会觉得自己这样做是不是自私了点,不应该在老板烦恼的时候来打扰他。

为什么人们总是在用这些情绪化的策略呢?因为它们确实有效!如果我们不知道其中的奥秘,那么这些情绪化的策略就会得逞。我们会对自己说:"噢,它们就是这样,没办法。"好像他们这些举动都是天生的。当然,逢场作戏的并不是大多数人。很多人总是无意识地采取情绪运用的策略影响着别人,并且使自己处于有利地位,但是也不排除有一些人专门利用别人同情和歉疚的情绪来达到自己的目的。

第三部分 | 掌控局面 "竞争"或"双赢"的策略

我曾经听说一个办公用品推销员,他很好地运用了情绪的力量。这个推销员在每次同客户进行洽谈之前都要往夹克里的衬衣兜中装一块运动码表。他推销产品时总是一踏进门就滔滔不绝、口若悬河,中间几乎没有间断。当他感到争取客户没有什么希望的时候,通常会走近客户,握着客户的手,并且流露出非常遗憾的表情。由于离得非常近,加上当时非常安静,顾客总是能够听到微弱的咔嗒声,"咔嗒—咔嗒—咔嗒—咔嗒。"这时,顾客一般会问道:"这是什么声音?"

推销员这时故作惊讶状,轻轻地摸着他的胸脯说:"哦,是我的起搏器。不好意思,你能给我一杯水喝吗?"据我所知,他总是在喝完水之后也成功推销了产品。告诉我这个故事的人就曾是这个策略的牺牲者之一。

基于对伦理道德等因素的考虑,我们中的很多人也许会对这些做法产生怀疑。但是我讲述这些情绪运用策略并不是要大家去学习或者是模仿,只不过是希望你能够真正了解它们的情况而有所警惕。还有一点要说明的是,这些策略如果用于一个非常伟大而光荣的目的的话,那么它就不会违背伦理,反而会得到大多数人的认可。

作为非暴力不合作运动的倡导者,圣雄甘地受到人们的尊敬。但是他在实现自己抱负的过程中所采取的方式恰恰是这种古老的情绪运用策略的翻版,他就是通过这种谋略使对方产生自罪感。这个表面孱弱、苦行僧式的人物曾对大英帝国这样说:"如果你们不成全印度独立,那么我就会进行公开的绝食斗争。如果绝食,我们的身体会与日俱损，甚至有一天会离开人世，那么你们的灵魂将会沾染上难以消除的罪恶。"他的话语是崇高而伟大的，但使用的却是古老而有效的"自罪"策略，英国最终被迫改变了对印度的殖民政策。

为什么我不惜对这些情绪运用策略大费笔墨？并不是想让你们使用这些策略，而是希望你们了解这些策略的本质而不被其所欺。只有对这些伎俩轻车熟路，你才能在一次次的"表演"面前保持镇静。这个逻辑非常简单：仅有犯罪的知识不会最终构成犯罪的事实。只有在知道了如何犯罪，准备去犯罪并最终付诸行动，那么才会构成犯罪的事实。我们学习犯罪的知识就是为了避免犯罪或是防范别人对我们实施犯罪。

请记住，一个策略或者说是一种为达到某种目的而采取的手段被识破，也可以说是被看透的话，那么这个策略或是手段必然是无效的。这就好比你知道你的敌人有一把枪，但是子弹却在你的手中，那么你肯定不会害怕他。简言之，策略暴露就意味着失败！

为了说明这个观点，我们现在回到之前讲到的一个例子。假设我来到一家男士用品商店，在试穿了很多衣服后，我说道："能送一条领带吗？"

如果店员洞悉了我这时运用的策略，那么他会如何反应呢？他开始可能会略略笑并冲我说："这真是一个不错的主意。我非常赞同你的想法。不过我自己做主对别人来说似乎是不公平的，还要和其他店员商量一下。"这时，他转身对其他的几名店员说："嘿，

第三部分 | 掌控局面 "竞争"或"双赢"的策略

阿诺德、拉里、阿尔文,你们来一下,我想让你们见识见识什么叫作高明。"然后他又转身笑容可掬地对我说:"你必须让他们学习学习……从头开始,他们会很喜欢。"

你想想我遇到这些以后会有什么反应?肯定是狼狈不堪,无地自容。甚至我会小声说:"我刚才只不过是开个玩笑。请给我拿两套衣服,当然是全价全款了!"

还有一个例子也可以说明这个问题。假定你是一个公司中的售货员,当别人运用"吹毛求疵"的伎俩来对付你时,你可以选择下面三种方式来巧妙地躲避这种人:

没有决定权。对他说明,你愿意帮助他但是你无权这样做。对他说:"很抱歉。上回有一个同仁就是为了给顾客解决问题,到现在还待在布朗克斯区南部的家中领取救济金。"

诉诸规章。最好能贴上标签,上面写"特价品,谢绝还价"。

会意地微笑。赞美他的技巧,透露出你明白他的意图,然后向他送去笑容,但不要让顾客感到你在嘲笑他。

在谈到如何应对这些情绪运用策略的时候,我突然想起了最近有人问我的一个问题。发问者基本上都是公司或政府的女主管。这些问题都发生在高级管理人员会议之中。每当女主管陈述她的观点或是作汇报的时候,总有男主管会习惯性地抬高嗓音,他似乎对女主管的汇报不以为然。这些女主管想知道的是："当你遇到这种口头上的挑衅时，会采取什么对策？"

从根本上说，你应当意识到这样的男主管是有问题的。不管挑衅的程度如何，你必须首先保持冷静。千万不要试图以牙还牙，但是也不要放弃自己的主张。这时你必须继续充满自信地陈述你的理由来支持你的观点。如果他仍然进行挑衅，那么你就降低音量，让大家都听到他的噪音。这时你的克制会和他的幼稚行为形成鲜明的对比。即使别人听不到你的声音，但你却吸引了其他与会人员的注意力，他们很快会认同你，那个无聊的男主管会因此而感到难堪。

通常以言语侵犯别人的人一般都是在孩童时代就学会了这种手段，有的通过观察别人的做法获得，有的则是习以为常。他们对这种手段带来的好处难以忘怀，而对使用这些手段招来的惩罚则记忆不深。

不久前，我在一家市场中无意听到一个小孩对他的父母说："如果你们不给我买玩具的话，我就躺在电梯里！" 5分钟后，这个孩子果然拿着他心爱的玩具，脸上还洋溢着非常满意的笑容。如果这个小孩多次使用这种要挟方式并且取得成功的话，那么这种做法就会在他的头脑中根深蒂固，长大后他就会倾向于用这种方式控制别人。

如果在谈判中遇到这种情况，把这种令人不愉快的事当作对手的一种无意行为，等他发作完毕后，再向他表示感谢。你的这

第三部分 | 掌控局面 "竞争"或"双赢"的策略

一做法会使出言不逊的人对自己的所作所为感到歉疚,对方可能会因此而变得容易相处。

步步紧逼：示弱只会让对手更强硬

在我们这个社会中,有很多领域存在着激烈的竞争。比如总统选举、体育比赛、官司以及生意上的竞争,有时候也会喊着"志在必得""打垮任何对手"的口号。尽管的确有一些人支持这种"赢—输"模式的谈判,但是我们大多数人仍倾向于接受彼此互惠的情况而不愿只顾自己的利益。此外,我甚至还认为每个人都是在为着他人设想的立场来进行交易。

有一些人,当他们在谈判中遇到僵局时,经常会主动采取让步的方式来息事宁人,即表明诚意。我们认为,对方会尊重我们的直率和合作精神,并且给我们应有的回报。但是如果你的对手是采用"赢—输"模式的谈判者,那么所有的这些办法只能使你陷入不利境地,你必须以完全相反的方法来对付他们。

从根本上说,同"赢—输"模式的谈判者打交道,千万不能轻易做出让步。因为你很难得到对方同样的让步,反而使自己陷入被动局面,处于不利境地。

不知道你还记不记得苏联人购买长岛北岸房地产的那件事?我们看到了他们如何在要价 42 万美元后,竟然给出 12.5 万美元。3 个月后,当卖方将最初的要价降到 36 万美元时,他们是怎么应对的？在回答这个问题之前，我先问你个问题："如果我们是买主的话，在这种情况下，我们作何反应呢？"

如果我们说："再便宜一点"，或者是"互惠互利"，那么价钱就很难再降下来了，即使是降价，也肯定比我们最初的给价高很多。

苏联的谈判专家仍然坚持最初的给价。6万美元的让步对于卖方来说仍然是杯水车薪，但是他们已经发现了卖方能够继续降价这一明显的弱点，他们可以从这个弱者手中占到更多的便宜。结果，他们一直坚持最初的要价也就是12.5万美元达8个月之久，最后才勉勉强强地做出了一点让步，象征性地提高了一点价钱——13.3万美元。

我们能够做到这些吗？如果你觉得意外，在下面的讲述中，你可以继续观察他们的谈判策略。

一直用"不"作答，力求一毛不拔

我们必须认识到，由于其特殊的体制，苏联在同美国进行谈判时有两个内在的优势：

第一，他们有更多的信息。由于苏联社会的封闭特性，同美国的自由形成了鲜明的对比，他们总是在美国自由的社会中得到了很多真实信息，但我们则不易得到他们的信息。苏方的代表和谈判专家看到我们的媒体报道，看到我们的报纸，甚至是订阅我

第三部分 | 掌控局面 "竞争"或"双赢"的策略

们有关科技方面的公开出版物。但是我们得到他们的大部分的信息仅限于官方公布的消息；

第二，他们有更多的时间。大致看来，苏联的最高领导层人员变动很少。不论是赫鲁晓夫还是勃列日涅夫，他们的任期都较长。与此形成鲜明对比的是，由于美国最高领导人的执政周期很短，美国有着非常规范的领导人更替制度。政治上的制度化和规范化使得美国人往往因为进行全民选举等政治生活而耗去大量的时间。

正如美国前国务卿迪安·艾奇逊多年前所说的那样："处理同苏联的关系是一个长时间的工作。"他们国家的特性，使他们具有了难以想象的耐心。

具备了这样的优势，他们就能够通过对时间的消耗来得到他们想要的一切。在谈判期间，他们一直用"不"在回答我们，这很容易让我们失去耐心和锐气，从而迫使我们做出让步。

对于大多数美国人来说，时间就是财富。这个价值观一直在影响着我们，我们养成了守时惜时的习惯。同这一价值观类似的，我们从小就知道效率这个概念，这些都使我们更倾向于主张会议和谈判能够短而再短，以节省时间，提高效率。

大约100多年前，亚历克西斯·托克韦勒曾对美国人的性格有过精辟的概括，他说："美国人总是倾向于放弃成熟的计划转而寻求暂时的激情。"

对谈判结果最具决定性的因素就是谈判双方各自做出让步的程度和数量。老道的苏联谈判专家，不管他们经过何种训练，总是试图逼迫你最先做出让步。在此之后，他将极力避免任何的讨价还价，尽量避开向你做出相应的承诺。如果你向他们做出让步，所能得到的回报无论是质还是量都是得不偿失的。在冲突型的谈判者眼中，在任何情况下，对手的让步、妥协，是他们一贯的目标。

所谓"期限"，只不过是谈判的附属品

在讨论这种冲突性的"赢—输"模式的谈判中，我一直在用苏联的做法同我们的模式做比较。无疑，他们每每取得胜利的关键所在，也是他们能够使对手折腰的重要因素就是——时间。

正如我前面所说过的，和他们进行谈判你必须要有足够的耐心。虽然每次谈判都是如期进行，但在拖延的战术之下，谈判的最终结果似乎遥遥无期。如果你单方面想使谈判的速度加快，你的提议会被考虑，但是却不会有任何实质性的改变。即使是到了最后期限，他们依然不慌不忙，因为他们知道所有的期限都不过是谈判的附属品，仍然是可以通过谈判来解决的。虽然谈判初期拟定的最后期限是经双方磋商的，但是他们却毫不在意。

我们还是以他们购买长岛北岸的房地产为例。上回提到买卖双方讨论价钱时，距离合约的最后期限还有 4 个月。他们的出价仅是 13.3 万美元，此时卖方的要价已经降至 36 万美元。从那时起，他们静观其变。直到截止期限的前 1 个月，他们才勉强做出让步，

第三部分 | **掌控局面** "竞争"或"双赢"的策略

我们可以看出价格变动幅度真是微乎其微。下表所列的是临近最后期限时苏联的出价（左边是他们的出价时间距离最后期限的时间，右边是他们的出价）：

最后期限的 20 天前　14.5 万美元

最后期限的 5 天前　16.4 万美元

最后期限的 3 天前　17.6 万美元

最后期限的 1 天前　18.2 万美元

最后期限当天　19.7 万美元

从这些数据中我们不难看出，实际上他们所有的让步都集中到了最后的 5 天。最后期限到来时，双方看起来似乎都没有希望，因为他们的出价和要价之间仍然存在着巨大的差距，苏方出价 19.7 万美元，而卖方的要价仍然是 36 万美元。

在最后期限过后的一天，房地产商正准备将这一大块土地放回市场重新推出之际，他们却又找上门来。又经过了一周的谈判，苏联方面答应向卖方支付 21.6 万美元，而且是现金一次性付清。由于卖方遇到了"资产冻结"问题，急于筹到大量现金，因此在很不情愿的情况下成交，但 21.6 万美元对他们来说还是太少了。

最后的成交价并不是这件事的重点，但是有相当多的证据证明他们的出价远远小于市场价格。这个谈判的过程生动地揭示了"赢—输"模式的运行模式。

优势谈判
沃顿商学院谈判实战课

这件事情的余波依然趣味十足。他们在得到了这个地产之后，发现土地的使用权存在问题。为了实现他们的计划，有效地使用这块地，必须更改土地登记，而这些必须与原业主合作。

在每次递交土地登记更改申请计划后，他们总是得不到明确的答复。于是他们在一年后将这块地按亩数进行了再次销售，结果得到了 37.2 万美元。后来，他们又在长岛购买了另外一处地，距古根海姆家族[①]的产业仅咫尺之遥。

我必须重申一遍，我之所以对这种谈判模式不厌其烦地进行赘述，并不是想让你们去学习应用这种方式。正如我前面所说的，就是想让你们，亲爱的读者，能够对这些伎俩有所了解，从而避免成为谈判中的牺牲者。我还要强调一遍：策略暴露就意味着失败！

"赢—输"模式的谈判如果要取得成功，必须具备以下三个条件：

第一，关系不能继续下去。这种谈判必须是一次性交易，也就是一锤子买卖。采用这种方式的一方应当确信他不再需要对方，不期待第二次或更多的机会。因此，如果你们之间的关系藕断丝连，那么你在某个阶段取得的胜利必然会影响到你们之间长久的关系，在今后的谈判中，你可能要付出更大的代价，也就是说你是用未来的关系做抵押来获取一时的胜利。

如果我现在想让你进入圈套，你能否意识到你受到了欺骗？也许不会很快发现，但是你最终会知道发生了什么。当你知道实情后，你能不能忍受这种欺骗？你绝对不会一笑了之，你很可能

---

① Guggenheim，美国一工业家及慈善家家族。

第三部分 | **掌控局面** "竞争"或"双赢"的策略

不惜代价对我进行报复,如果这样的话,我将付出很大代价;

第二,事后不能自责。不管我们接受的是道德教育还是伦理教育,我们中大多数人都会有一套衡量公正公平的准则。你本人必须时不时地用一些有悖于你所坚持的准则的策略来成就一些事情。如果采用了这些策略之后,你经常会有一种负罪感,甚至感到后悔,那么这种成功又有什么意义呢?然而"赢—输"模式的谈判者的准则是什么?他们认为结果决定手段,因此他们对此无动于衷,我们也可以对自己说:"不要跟自己过不去,因为我已经成功!";

第三,牺牲者毫无觉察。被欺诈的对象必须是纯朴、天真无知的,至少暂时应该是这样。如果牺牲者懂得打猎游戏的规则,意识到自己是别人欺骗和掠夺的对象,那么他当然不可能任人宰割。因此,不论用计的人使用什么诡计,他们必须使诡计深藏不露,不可使人很容易就知道了。

仅这一条原因,就足以说明深刻了解冲突性的"赢—输"模式的重要性。如果大多数人都看清了这种模式的本质,那么我们就能够在狡猾的谈判者面前保持冷静的头脑,避免沦为他们的猎物,也可以大大减少为谈判所花费的精力与时间。

好了,我们再来讨论一下你。你要如何保护自己免遭暗算呢?你又如何避免自己在不知不觉中血流满地呢?答案很简单,只要你预先对这些可恶的诡计有所了解,你就可以轻松地保护自己。

请记住,谈判的第一个条件就是一次性交易。因此,在纽约、洛杉矶或是费城的市区中,当你的旧车抛锚时,你将如何与陌生的存车商谈判？相比之下，如果你在自己居住的地方到代理行购买新车，必然会有不同的情况，购买新车后由于还有许多连续的接触，你自然会受到非常合理的待遇。

不管何时何地，只要你遇到"赢—输"模式的谈判时，你有三种选择：

第一，你必须明白自己还有很多其他选择，拂袖而去，人生短暂，时间弥足珍贵，何必把精力浪费在无谓的争论上；

第二，如果你有充分的时间，又有这份闲情逸致，就加入这场谈判，在了解了它的模式之后，让它尝尝自作自受、搬起石头砸自己脚的滋味；

第三，要能够巧妙地转换彼此的冲突立场为合作关系，使双方能彼此满足各自所需。

在下一章中，我将向你说明为什么要进行谈判方式的转换和如何进行转换。此外，我还会向大家介绍一种谈判，在这种谈判中，双方都可能成为赢家。

金钱是万能的,但是它能揭穿真相吗?

Money talks... but does it tell the truth?

第 8 章
赢—赢模式

双赢谈判,互惠互利

有一个谈判圈内人人皆知的经典故事:

从前有一对兄妹为了一块蛋糕争执不下,他们都想得到较大的一块蛋糕而不愿吃亏。正当哥哥准备给自己切一块较大的蛋糕时,他们的父母回来了。父母说:"等一下,我们不管谁来切蛋糕,但是切了蛋糕的人必须让没有切蛋糕的先拿一块。"结果,为了让自己不吃亏,哥哥尽可能地把蛋糕切成同样大小的两块。

这个故事可能是人们杜撰的,但是其中的深刻含义却延续至今并且深深地影响着人们的观念。在很多情况下,人们的需要并不是彼此抵触、相互冲突的。如果人们能将冲突的焦点从互相战胜对方转移到战胜各自遇到的问题,也就是说把注意力都放在解决问题上,那么每个人都能从中受益。

优势谈判
沃顿商学院谈判实战课

在充满合作气氛的双赢谈判中，我们正是试图创造各种条件或是采取各种手段来使谈判中的各方都能够达到自己的目的，从中受益。冲突被认为是一个非常自然的现象，如果它被人们看作需要解决的问题，那么人们对于冲突的视角就会有所改变，富有创造性的解决措施就会因此浮出水面，各方在这种谈判中就会处于一种非常友好、合作的氛围之中，关系也会因此而得到改善。

这也许是巧合，然而在公司中管理层与劳工的对立状态，与小孩分蛋糕的情形非常相似。双方经常会说："我们只是想得到属于我们的那一块。"然而，如果蛋糕被看成是一笔固定数目的金钱，那么一方多得的结果必然是另一方有所损失。我们来看下面的一个案例：

在谈判陷入僵局之后，工会组织工人进行罢工。如果工会赢了，也就是公司妥协，那么劳工们在罢工期间损失的工资或许会超过增加的工资。换言之，罢工对公司造成的损失却是必然的。

由此看来，双方在罢工中都不会得到好处，我们也可以说，双方在罢工中都成了输家。如果避免罢工的话，双方完全可以在一种和谐信任的气氛中进行谈判，最后取得令双方都比较满意的结果，这种做法就是"双赢"谈判。

暂且不谈双方合作的好处，我们继续考察罢工所带来的后果。且不说工会和公司受到了损失，相关的民众、城市经济甚至是整个国家的利益都会因罢工而或多或少蒙受

第三部分 | 掌控局面 "竞争"或"双赢"的策略

损失。那么为什么会发生罢工呢？也许就是蛋糕分配不均引起的。我们想想，由于我们拥有的资金总量是固定不变的，即使这样，我们一味地进行彼此间互相消耗的争斗，而这种争斗又绝对不可能产生使资金总量增加的创造性的结果。

但是如果我们采取另一种方式，站在彼此的立场上，情况就会发生逆转。我们应当视我们各自的利益为一种互补物并且互相问对方："我们是不是能够采取一种合作的方式，使要分享的蛋糕变得更大，这样我们都可以从中受益？"

很显然，不仅是公司和劳工之间存在这种情形，任何谈判的双方都会处在类似的情况之下。你仔细考虑一下，就会发现这几乎适用于你所遇到的一切谈判。

既然大自然无法创造出一模一样的人，那么你的需要和我的需要就永远不可能完全相同。因此，人们相互合作、共同奋斗的基因便由此产生。

人的个体差异性也就是特殊性似乎已成为一个不可辩驳的事实，因此会产生求同存异的意识。那么我们为什么经常会因谈判而色变，好像一说到谈判就会想到充满敌意的对手，就会想到谈判中的胜利必须是建立在对方付出代价的基础之上。我探究了其中的奥秘，发现在大多数谈判中，所有的争论几乎都是在围绕着一个"既定的或是固定的利益（资金）"展开，通常这种利益都是以钱的形式表现出来。

你也许会问，为什么谈判总是围绕着金钱或者是像价格、利率、

优 势 谈 判
沃顿商学院谈判实战课

工资等这样的金钱"代言人"来进行呢?为什么人们总是为金钱所困扰?因为金钱是具体的,是精确的,是可以计算的。

这也就是说,人们生活的方方面面包括人的需求、人的价值、人的付出、人们相互间的商品交换、人的知识产权等都需要有一个明确的、可以计算的替代物或者称作"一般等价物"来衡量,否则我们怎么去把握需求、价值、付出这样一些抽象的概念呢?金钱无疑是充当这一角色的最好的选择。

如果我们走到老板面前说:"我不想在这里干了,你这儿的条件太差,要我留下也可以,你必须给我加工资!"这种直率招致的后果不堪设想。因此,我们学会或者说是寻求到了一种包装我们内心世界真实想法的一种外在掩饰,我们会简单而委婉地说:"老板,我想是不是能够增加工资呢?"

很显然,我们这种包装和掩饰能够取得很好的效果,使我们从中受益。老板会因此而拍着我的肩膀,高兴地说道:"我就是欣赏有抱负的人,你和我很像,我们一起奋斗。"

我们中的很多人自小就被迫接受围着钱打转的话题。我们想想,是不是从小金钱就是一个经常被谈论的话题呢?其中一些人久而久之会逐渐倾向于喜欢绿色,因为钱是绿色的[①]。你常会听到人们谈论钱对于我们来说是何等的重要。但是如果你就此认为绝大多数谈判只是为了钱的话,那你就错了。

当然了,钱是人们必需的,但是人还有别的需要。如果你轻

[①] 美元的主色调是绿色。

第三部分 | 掌控局面 "竞争"或"双赢"的策略

信他言，忽略了人对其他方面的需要，那么你的想法就会出现偏差。这样的例子比比皆是，并不是人们得到钱后就一定能够快乐，换句话说，并不是只有钱才能使人快乐。难道不是这样吗？我可以通过一个例子来说明这个道理。

谈判进行时
YOU CAN NEGOTIATE ANYTHING

大错特错的售货员

一天晚上，一对夫妻正在翻阅报纸，这时他们注意到报纸上有一条广告的背景是一个古老而珍贵的挂钟，衬托出一种非常雅致的效果。

妻子说道："你瞧这个挂钟多美啊！如果把它挂到走廊或是起居室的话，一定会使我们家增色不少。"

丈夫回答："亲爱的，我觉得也是。不知道多少钱能买到，广告上也没说价格。"

于是他们决定到古董店去淘这个挂钟，并且决定最多只能花500美元。

经过3个月的寻觅，他们终于在一家古董店的橱窗中看到了这个挂钟。妻子异常兴奋地说："太好了，就是这个挂钟！"

"对，就是它。"丈夫说道，"不过别忘了，我们最多只能出价500美元。"

不幸的是，当他们看到750美元的标价时大失所望。

妻子很不情愿地说道："我们还是回家吧，我们说过的，不超过500美元。"

丈夫说："是啊，不过我们已经找了很长的时间了，这样就走了实在不甘心，是不是再想想别的办法？"于是他们立即做出决定，让丈夫充当谈判者的角色，看能不能凭借他的"三寸不烂之舌"谈到500美元。

丈夫于是鼓起勇气，稍加考虑后走到售货员面前说道："我看见你们有一个挂钟要卖。我还看见你们的标价，不过你们这个挂钟似乎有些太旧了。我们觉得你们的标价有些高。"稍事停顿后，丈夫终于说道："我们想出价250美元。"

这时，售货员的反应完全出乎意料。他不假思索地说道："好的，成交！"

丈夫的第一反应是什么呢？得意？高兴？他会不会对自己说："我干得太棒了，为家里节省了这么多钱。"绝对不是这样，因为你我都遇到过这种情况，他的第一反应一定是："哎呀，我太傻了！我应该只给他150美元。"我们也知道他的第二反应："是不是这个挂钟有什么问题？"

当丈夫把这个挂钟拿到车里的时候，他会想："这个钟怎么这么轻，该不会是里面少了什么零件吧？"

即使这样，他们回家后还是把挂钟挂在了门廊。看上去确实很棒，走得也很准，但是这对夫妻的心情却怎么也轻松不起来。

第三部分 | 掌控局面 "竞争"或"双赢"的策略

等他们睡觉后,他们会在夜里起来三次。为什么?因为没有听到滴答的钟声。这样的"难眠之夜"会持续好几天。他们的健康会因此而受到影响,可能会因此而患上高血压。为什么会这样?这一切都要归罪于古董店的那个可恶的售货员厚颜无耻地收了他们250美元。

我们继续假设,如果这个售货员是一个大方、理智、富于同情心的人,那么他就会在谈价钱时以对方的立场来考虑整个谈判而要价497美元。虽然少赚了247美元,但他最后却给这对夫妻带来了3倍于250美元的代价。

在这个谈判中,售货员大错特错的是只把价钱视为谈判的唯一目的。如果这对夫妻是单一需求,也就是说他们的所求只是价格,那么他们一定会沉浸在省钱的快乐之中。但事实并非如此,和我们一样,他们也有着多方面的需求,只不过他们没有意识到或者是没有感觉到。

现在已经能说明我们的问题了。虽然售货员满足了他们价格的要求,但是结果并不理想,他们还是没有因此而快乐起来。看来按照他们期待的价格成交显然不够。对于他们来说,谈判结束得太快,快得让他们没有丝毫的心理准备。他们需要和对方进行你来我往的拉锯战,在这种拉锯战中他们之间可以建立互信。如果丈夫通过自己的机智取得了谈判的胜利,那么他会在这个谈判中获得强烈的满足感,结果要比这样好得多。

我们在前面已经讲过，谈判是谋求满足参与各方不同需要的过程。然而参与者的真实需求很少能原封不动地表露出来，也就是说谈判者习惯于隐藏自己真正的目的。

原因有两点，其一是谈判过程中参与者目的的隐蔽性，其二是需求的潜在性，即有些需求对于谈判者本人来说并没有清楚地意识到。

因此，谈判是不能完全通过价格、服务、产品、利率、金钱甚至是领土这样的表面形式完成的，谈判有时更像是满足人们心理上的需要。

谈判不仅仅是一种物质交换，更是一种启发相互了解、信任和尊重的方式。你的行为举止、语音语调、你所持的态度、采取的方式以及对对方表现出的关注都要尽量符合对方的情绪和需要。

所有这些都伴随着谈判的始终，因此，为了实现目标，你所采取的方式可能会自然或不自然地满足其他参与者的需要。

至此，我们已经探讨了为什么谈判总是会陷入不必要的泥潭之中，形成双方相互对立的不利局面，从而使双方同时受损。但是如果谈判确实满足了各方的需求，那么我们可以推断：一定是谈判的过程，也就是我们为了使谈判顺利进行而采取的过程可能具有某种优越性，它使得各方都在谈判中获得了利益。更进一步地说，既然人人有别，那么谈判各方的需要就有协调、统筹的可能。

我们现在就来探讨如何借助谈判过程和协调谈判参与者的需求来达到一种双赢效果。

第三部分 | **掌控局面** "竞争"或"双赢"的策略

学会倾听，借助过程满足需求

在谈判之中，你应当始终保持温文尔雅的态度，似鹅绒般柔软，而不是像粗糙的砂纸易于引起火花。你应当温和地讲出自己的想法，甚至一边说一边轻轻地敲着脑袋，就像你不能肯定自己所说的是对是错。要记住，"人非圣贤，孰能无过？宽恕无知，人之天性"。因此，不要怕说："在这个问题上，我需要你的帮助。"

你应当时不时地流露出对对方的关注以及对其权威性的肯定。即使对方的确表现恶劣、言语粗俗、面目可恶，也并不代表事情就没有转机。在温和诚恳的态度之下，纵使他再难对付也可能会"弃恶从善"。

只要有机会，人人都愿意充当和解的角色。换句话说，人们通常是按照他人所期待的方式表现他们的行为的。

试着以对方的立场及背景来分析问题、考虑问题。注意倾听对方的意见，也就是说当对方表达他的意见时，你要停止自己的辩解，学会倾听。千万不要表现出无礼、不服或是抵触，在激动时所说的言语足以影响事情的全局。尽量避免使用绝对的语言做出任何承诺，试着想想谈判的不同情况、应对的细节、说话的口气以及学会用"我想，我听到你说……"这样的语气询问对方。

婉转的语言经常会起到非常重要的作用，可以调节气氛，赢得对方尊重从而将产生摩擦的可能性降到最低。采取这种方式，你一定会很快和对方达成共识，找到一种双方都能够接受的解决方案。

下面，我讲一个亲身经历过的事情来说明这种方式是如何运用的。

谈判进行时

你拿去好了，有零钱的时候再给我吧

我和同事当时在曼哈顿出差。一天早晨，因为同客户见面还有一段时间，我们便随意在路旁的餐厅里吃早餐。点过餐后，我的同事出去买报纸。5分钟后他空手回来，一边摇头一边不住地喘气。

我问："发生什么事了？"

他回答："这该死的人！我去街道对面的报摊买报纸，拿到报纸后，我给小贩一张10美元的钞票。谁知道他不接钱也不找钱，反而把我腋下的报纸抢了过去。我被弄懵了，这时他竟然开口训我一顿，说他只在不忙的时候才会为一份报纸给人找钱。"

用完早餐后，我们又提到了刚才的小插曲。我的同事对此仍愤愤不平，把报摊的小贩定位为傲慢自大的家伙，并且认定他不会接受任何人以10美元钞票去买一份报纸。这反而引起了我的兴趣，于是我夺步出门，在同事的注视下，过街走到了报摊前。

当小贩看到我时，我故意唯唯诺诺地说："哦……你好……嗯，打扰一下，我想我遇到了麻烦，你是否能帮我

第三部分 | 掌控局面 "竞争"或"双赢"的策略

一下。我初来乍到,人生地不熟,现在我需要一份《纽约时报》,可是我没有零钱,你是不是能找钱给我,我有10美元的钞票。"

这时,意想不到的事情又发生了,他毫不犹豫地递了份报纸给我,并且对我说:"你拿去好了,等你有零钱的时候再给我吧!"

这个结果让我充满了自信,迈着轻松欢快的步伐,拿着"战利品"回到了餐馆。而我的同事看到所有这些后,百思不得其解,他称我的这次谈判是"曼哈顿54街的奇迹"。

我随手记下了这件事。在不同的场合一定要注意采取适当的方式,这是谈判成功的一个诀窍。

双方同时受益的创造性举措……

不幸的是,当人们处于竞争状态时,通常与对方保持距离,甚至借助第三方来传递信息。以间接的方式……陈述意见、提出要求、得出结论。由于双方都力图提升自己的力量,因此,重要的数据、情况和信息都被视为重中之重的东西。双方真正的情绪、态度以及真实需求当然要深藏不露,以免被对方利用而使自己陷入不利的境地。显然在这种观念的影响下,谈判很难做到同时满足各方的需求。

然而，如果我们意识到每个人的需求不尽相同，自然可以发现彼此的目标也会有所不同。依照这种观念，坦诚和信任就会建立起来，个人的感觉、态度，事实和需求，也就有了转换的时机。当谈判双方建立这种互信之后，就可以彼此分享资料，交换意见，互助合作，使双方同时受益的创造性举措就会浮出水面。

谈判进行时

同时给对方"面子"，双方都达到了目的

举例来说，在20世纪40年代中期，霍华德·休斯拍摄了一部名为《叛逆者》的电影。该片的主角是一位名叫简·罗素的浅黑肤色的美女。这部电影留给人们的印象可能不会太深，但是宣传这部电影的广告却让人难以忘怀。当时的画面中，这个漂亮的女人躺在一堆干草上，面向蓝天，那种浪漫的情调和强烈的颜色对比，我现在还记忆犹新。

就在这部电影拍完后，休斯被罗素深深吸引住了。他们之间签订了一个合作1年付给罗素100万美元报酬的劳务合约。

1年后，罗素说："根据合约的条款，你应该向我付清酬金了。"

休斯则表示，他现金周转遇到困难，但可以用相当数量的不动产代替。但问题是罗素当时对不动产毫无兴趣，

第三部分 | **掌控局面** "竞争"或"双赢"的策略

她只想要现金。休斯一再强调他目前暂时遇到了经济困难，希望罗素能再等一等。但是罗素仍然紧紧拿着他们当时签订的合约不放，因为上面明确写着必须在 1 年到期时付清所有酬金。

双方的要求似乎是不可调和的。在彼此对立、要求冲突的状态下，他们之间筑起了一道道屏障，只有通过各自的律师来解决双方的分歧。结果两人之间以往那种非常亲密的合作关系转瞬间就陷入了一场"你赢我输"的冲突之中。此时，流言蜚语不胫而走，说他们之间的问题一定得拿到法庭才能解决。（霍华德·休斯是一位神秘的富商，他曾为了得到环球航空公司的控股权，付给律师高达 1 200 万美元的辩护费。）如果这场官司真的打起来，谁胜谁负难以预料。也许律师才是真正的受益者。

然而大家知道这场冲突是怎么解决的吗？罗素和休斯明智地说道："瞧，你我生活在不同的环境里，我们有不同的目标。我们应该好好地审视一下我们能否在互信的气氛中解决问题，去分享彼此的信息、情绪以及需要。"他们是这么说的，也是这么做的。之后，他们选择了合作，找到了一个极具创造力的途径解决了他们之间的冲突，结果两人都很满意。

他们把原先的合约转换成 20 年的合约，100 万美元由一次性付清转换为分期付款，休斯每年向罗素支付 5 万美

177

元酬金。虽然酬金的总数并没有变化，但是形态却发生了重大变化。结果，对休斯而言，他成功地解决了流动资金不足的问题，而且也避免了违约情况的发生。另一方面，对罗素而言，分期取款，大大降低了当年应缴的个人所得税额，并且有了长期稳定的收入。

从这个例子中我们可以看出，两人不但同时给了对方"面子"，也达到了各自的目的。请大家记住，当你遇到类似于霍华德·休斯这种非常棘手的难题时，纵使你占理也未必会赢。但是此例的方式却令人深思，不论是从个人需要还是从双方不同的需要来说，罗素和休斯都可以说是大赢家。

解决冲突先正确分析冲突因何产生

冲突是我们的日常生活中无法避免的事实。我们经常会因为目标不同而站在对立的立场。但是所有冲突，不论是何种形式，不论是对一块蛋糕还是100万美元的合约的安排，即使是谈判各方已经就某些方面达成共识并且签订合约的情况下，也仍会发生。

这儿有一个例子就很有代表性。在这场谈判中，双方的目标完全相同，但是在采取何种方式或者是通过什么途径实现他们的目标时，双方却发生了冲突。

在一场橄榄球赛行将结束之时，主队一路进攻，直达距对方

第三部分 | 掌控局面 "竞争"或"双赢"的策略

球门线仅2米的地方。在暂停时,四分卫主张以触地得分的方式取胜,而教练则坚持用踢球得分的方法拿下比赛。这时,双方的目标是一致的,都是赢得比赛的胜利,但是他们仍为赢得比赛的方式争论不休。

不论人与人或是人与团体或是团体与团体之间的冲突是何种性质,正确分析冲突因何产生并如何发展是非常重要的。从根本上说,第一步是要争取对方的合作,认清彼此的立场,相同意见有哪些,又有哪些意见不合。接下来,要尽量摸清楚分歧是如何产生的。如果能够找到意见不合的症结所在,那么各方进行充满合作气氛的双赢谈判就指日可待了。

一般来说,我们之所以会经常在一件事情上意见、立场相左,主要是因为以下三个方面的原因:**经验**、**信息**、**角色**。

经 验

我们看问题往往会带有主观色彩,很难还原事物真正的面目。每个人的观点不同,对同一件事就会产生不同的看法。这就好像盲人摸象,婆说婆有理,公说公有道。进一步说,经历造就个人,也就是说每个人都必然受到他或她的经历的影响。

在这个世界上,不可能有两个人有着完全相同的经历。即使是双胞胎,他们的生活环境大同小异,父母都一样,他们仍然会通过各自不同的视角去观察世界。连形影不离的双胞胎都是如此,更不用说两个处于完全不同环境中的人。正如著名的记者沃尔特·李普曼所说:"我们都是个人印象世界的俘虏——实实在在的客观世界就是我们经历的世界。"

因此，我要是想了解你的想法，那么我必须进入你的世界。要想了解你的行为，必须解读你的情绪、态度以及信念所在。

用今天的一句时尚语来说就是，我必须知道"你是哪儿来的"。

信 息

今天，人们在日常生活中遇到了大量的信息，并且无时无刻不在获取自己所需的信息。我们经常会建立自己的数据库，在我们谈话或是发表演说时都可能会用到。从我们掌握的这些数据和信息来看，我们每个人都会进行有目的的选择、取舍，并且对这些信息进行整理，使其能有效地为我们所用。

显然，如果我们使用了不同的信息库，那么我们最后得到的结果就可能大相径庭。如果我们想把冲突控制在最小的程度，那么我们必须相互告知对方我们的信息库。

我所说的信息库是广泛意义上的，它不仅包括商业金融方面的信息，还包括我们的想法、感情以及需要等。要想使对方明白自己的想法，我们只能把一些使我们产生其他想法的"想法源"告诉对方。只有这样，我们才能同对方进行合作，从而避免冲突的发生。

角 色

意见分歧常常是你在谈判中充当的角色不当而人为造成的。无论是你扮演的角色还是实际工作的需求，对你的观点、情绪都会

第三部分 | 掌控局面 "竞争"或"双赢"的策略

产生影响，而这些都是影响你做出结论的因素。原告与被告的律师因扮演的角色不同，各有各的拥护者，因此他们对事实或者是真相往往持有不同的态度。

不论你代表谁，总会有一种固定的倾向。也就是说，你将倾向于相信："幸运的天使会倒向我这一边，因为我代表着正义的力量，反对邪恶的力量。"当然了，这种姿态，荒唐可笑、毫无意义、害人不浅。有时候，这种姿态可能会使自己的一切努力转眼落空。在谈判中，必须坚决抛弃这种想法。双方都应当有"如果我处在他的位置，可能会做出同样决定"的观念。

请相信我，这种态度绝对不会引起负面影响，并且可以使你了解对方的困难及真正的需求。绝对不要受制于自己所扮演的角色，如何完成任务才是真正的目的。只有具备了这种全局思维，你才能根本性地解决问题。

在我的理论继续之前，让我们回顾一下本节的重点。

谈判的重点并不是要使用一些小伎俩去控制或操纵另外一方，而是要立足于双方共赢，在信任的基础之上去建立一种真诚的合作关系。

虽然人与人不尽相同，但是有一点是相同的，那就是都希望自己的需求得到满足。我的需求不同于你，并不能说明我们就会因此而成为敌人。如果我能够通过用正确的方法和方式来接近你，我们就能够搁置分歧、建立互信，从而满足彼此需求，最终实现共赢。

成功而又互惠的双赢谈判，在于发现对方实际需要什么，向他指明如何实现，在这个过程中你也能达到你的目的。

> 在彻底结束之前，一切尚未结束。
> —— 永吉·伯拉
>
> It's not over until it's over.
> —— Yogi Berra

第 9 章
互信机制
更多的双赢技巧

以合作性的"双赢"模式来满足双方的需求时，三个重要的条件缺一不可：建立互信、获得承诺、同对手谈判。

以诚相待才能建立互信

到现在为止，你必须了解我并未对人性上不可避免的贪念、邪恶手法有任何讽刺的意思，我也并未低估在竞争的环境中建立互信的难度，但是我的经历告诉我互信是可以建立的。在一种持续性的关系中，你对对方显得越信任，那么对方也会越信任你。你只要流露出对他人信念、诚信的尊重，对方也会相应地尊重你。

有没有能够建立互信的方法？如果你能够摒弃猜忌的心理和不信任的态度，那么同对方建立互信就指日可待。所以，唯一省时省力的方法就是以诚相待，诚信搭桥。

建立互信关系，双方以诚相待，在这种关系中，双方对彼此的诚意都有坚定的信念。互信也是一种相互依赖——消除不可避免的分歧所必需的力量。互信也是一种氛围,一种能够使冲突转化为合作的氛围。

以诚相待是建立互信的基础,而互信是实现合作、双赢谈判的支柱。我们现在就来探讨这种互信关系怎样建立以及应该在什么时候建立。为了清楚地阐明我的理论,我把建立互信的过程划分为谈判的准备和正式接触两个阶段。

谈判的准备阶段

在前面的内容中,我们曾对精神病患的例子进行了说明。我们现在回忆一下,从症状发生到正式确诊需要一段时间,而这段观察期也就是进行确诊的准备过程。这里所要指出的是,谈判也是一连串的准备,直到正式接触,在这之间是有一段时间的。所以,当我们说"谈判将在 3 月 5 日下午 2:00 开始"时,我们仅仅指的是谈判正式接触阶段的开始。

谈判过程的最后阶段通常表现为双方人员面对面的磋商,不过有时也通过电话或者是书面文件的形式交换意见。大多数人坚持认为,最后一步才是谈判。然而,任何正式接触后产生的结论,它的准备过程可能耗费了数周或数月的时间。

这个概念,揭示了"正式接触"仅仅是一次漫长的谈判过程的顶点,这对我们每天的生活来说也有着广泛的意义。不管是自己家中做蛋糕还是参加一次期末考试,成功与否都要依靠事前的准备。

为了进一步说明我的理论,我再举一例:

假设你女儿和你未来的女婿想在教堂举办一个正式的婚礼,在此之后还想举办一个大规模的宴会。作为这对新人的父母,你完全同意他们的想法并且愿意为他们承担这笔费用。尽管最后的婚礼和招待会最多只有 7 个小时的时间,但是准备的时间却长达 6 个月之久。

幸运的人总是被幸运垂青。然而,他们的幸运是建立在善于利用准备时间的基础之上的。不论是做蛋糕还是参加期末考试抑或是举行婚礼,前期的准备及努力往往决定着最后的结果。

同样的道理,这是一项选择,而不是机遇,却是决定谈判结果的重点。环境是不会偶然创造出来的,机遇也不是守株待兔得到的,这些都要看你的行动如何,看你的准备如何,所以我们说"机会总是偏爱有准备的人"。

如果正式接触时产生了不和谐的声音,那么很可能在接触前就已经埋下了不和谐的种子。事实上,准备过程越周密,冲突发生的可能性就越小。正如本杰明·迪斯亚里所说:"只有自己争取到的成功,我们才认为是运气。"

因此,幸运只会垂青在准备过程中就播下了信任的种子而在正式接触时收获果实的人身上,只有把握时机,早做准备的人才能取得成功。

第三部分 | 掌控局面 "竞争"或"双赢"的策略

只有在冲突之前，你才有机会去影响对方的立场。一旦谈判正式开始，要想影响对方就会难上加难。所以，只有在谈判之前，你的所作所为才有价值；在谈判之中，你所做的一切只能引起对方的警惕，特别是在竞争的状态之下。

我现在就用一个较为极端的例子来阐明我的这个观点。

比如你和我在一场谈判中首次见面。这场谈判可能是一个充满了竞争并且不知持续多长时间的冗长谈判。假设你递给我一杯咖啡和一支香烟，而你却是一个烟酒不沾的人，那么我的反应会是什么呢？

如果我们之间没有信任，那么我就会想："这家伙是什么动机？他是不是想讨好我？"我们还可以设想，如果我是一个疑心很重的人，那么我可能还会想："这家伙是不是想让我整夜难以入睡？他到底在打什么鬼主意！"显然，如果你在正式谈判前就做了同样的事，那么我这次就不会这样想了，我会认为你是一个体贴、替他人着想的人。

简言之，在正式谈判之前，完全可以采取一些行动使对方对你产生好感和信任。然而在任何充满竞争性的氛围中，这些行动可能会导致对方对你产生戒心甚至敌意。

因此，你必须妥善、有效地利用谈判的准备阶段。你不能在正式谈判前消极等待，而要利用大量的时间来分析和判断有可能导致你们产生分歧的各种可能。我们在前面已经讲过，经历、我们收集的信息以及角色的不同很可能是导致冲突的直接原因。

要在正式接触之前，在这三个方面去寻找任何可能造成冲突的因素，尽量避免出现难以弥合的分歧，务必建立彼此信任的基础。这就需要你的头脑中必须时刻有信任的意识，要有积极解决问题的意识。

生活在这个世界上的人有着太多的差异，但是信任是一种放之四海而皆准的润滑剂。如果你不相信别人，那么没有什么人的话能够引起你的注意。如果别人不相信你的话，那么你永远都不会和别人达成一致，所以一定要利用谈判的准备阶段去建立彼此信任的关系。

正式接触阶段

如果互信机制成功建立，双方的弱点就可以开诚布公地拿出来共同讨论，产生冲突的可能性就会受到抑制，对信息的交换和共享就会成为现实。这种气氛会改变双方的态度，影响双方的目标，使剑拔弩张的谈判双方成为寻求解决问题的合作者。如果在正式接触前的准备阶段就能很好地解决这一问题，那么正式谈判所取得的结果肯定会符合各方面的需要。

在正式接触之余，仍然要维持这种互信气氛和友好关系，并且要不断加强彼此间的信任程度。要尽量避免采取强硬的态度，也不要期待对方能够在短时间内做出承诺。

如果参与谈判的人数过多，那么你应当试着用下面的开场白："相信大家对我们聚集在此的目的都很了解，难道我们在这儿不是

第三部分 | **掌控局面** "竞争"或"双赢"的策略

为了找出使大家都满意的答案,使我们的目标能够达成吗?"

显然,你并不是要大家回答你的问题,而是概括出主题,以征得大家的同意。为什么?因为你所说的,包含了每一个人的希望,既公平又合理,反对的人是不会出席的。

正式接触后,双方需要对讨论的主题达成初步的共识。如果各方不能达成对某一主题的普遍认同,那么反对的人或许会将时间与精力耗费在不同的方向,最终使意见难以达成一致。

如果你能够使大家都清楚双方共赢将达成的目的,那么大家都会为了能更好地促成顺利谈判、满足各方的需求而积极合作,寻找更好的途径和更优的办法。

相反,如果一开始就存在着你我之别,那么立刻就会招致反对的声音,每个人都会为了保全自己的利益而提出相左意见,谈判很快就会陷入"赢—输"模式的泥潭。

所以,把重点放在目标而不是方式上,就会使各方由分歧走向一致,由对立走向调和。这样非常有助于消解各方的疑虑,消除敌意,使双方能够更进一步地合作。

在这样一种富有创造性的氛围中,人们能够轻松地交换意见,探讨事情的真相以及自己的真实需要,一定会有许多更好、更有利于各方的方法提出,最终使每个人都在谈判中获利,使每个人都满意。

还是举一个例子吧。

5个持对立意见的人都满意

大约1年前,我在艾奥瓦州的埃姆斯镇处理一件商业上的小纠纷。一天晚上,我和一对老朋友格雷和詹尼特共进晚餐,他们是对夫妇,我们之间的交往已经有很长时间了,彼此也非常了解。看过菜单之后,我问:"你们怎么啦?我觉得你们好像有心事,可不可以谈一谈?"

格雷无奈地拨弄着他的餐叉,说:"你可能不相信,赫布,我们正在为今年两周的假期去哪儿过犯愁呢。我想去北明尼苏达,加拿大也行,但是詹尼特想去得克萨斯打网球……"

詹尼特接着说道:"我们上高中的儿子和我们的想法都不一样,他非常喜欢有水的地方,他想去密苏里州的奥扎克湖度假。"她还补充道:"上小学的儿子想去阿迪隆达克山,因为学校要他们写一篇关于山脉的文章……还有我们的女儿,她现在上大学三年级,她好像对去哪儿都不是很感兴趣。"

"怎么?她不喜欢度假?"我问道。

"我女儿喜欢安静,"格雷小声说道,"她觉得最惬意的是趴在家里的后院晒太阳,同时复习功课,准备考试。可是我们又怎么能让她一个人待在家里?"

第三部分 | 掌控局面 "竞争"或"双赢"的策略

"噢……"我说,"你们牵涉的范围可真是够广的。明尼苏达、得克萨斯、阿迪隆达克山、奥扎克湖,还有你家的后院,的确是让人有些头疼。"

这时,詹尼特说:"听起来是件不错的事,讨论去哪里度假,可是我们现在聚到一起就开始争吵,大家都有不同的意见,格雷不想去得克萨斯的原因是他受不了那儿的空调。"

"你是不是在责怪我?"格雷说,"我一年之中有5个月都在用空调,因此肌肉经常会感到疼痛。我也受不了那儿的潮湿,得克萨斯的气候非常潮湿。"

"不止这些呢!"詹尼特接着说,"我丈夫不喜欢在吃晚饭时穿西服、扎领带。我呢,喜欢每天晚上都去外面的餐厅吃饭。我对做饭、刷碗这样的活早就感到厌倦了。"

"我希望今年的假期能够轻松点。"格雷说,"我想在詹尼特打网球的同时打一打高尔夫,而不希望为了吃饭耽误我打球的时间。顺便说一下,我们上高中的儿子也不想为了晚饭而刻意安排穿着。他总是喜欢穿那身牛仔衣。"

我一边整理着刚刚搜集到的资料,一边问他们:"那你们打算自己驾车去还是坐飞机去呢?"

格雷回答:"当然是自己驾车出去,你知道我晕机。"

这时詹尼特说:"但是我不想从早到晚都缩在车子里。每次轮到我开车时,我都觉得自己像个没有报酬的司机。"

在服务员端上食物之后,我接着说道:"如果你们不介意的话，我想给你们提些建议。我想我知道你们问题的症结所在，你们家的每个人我都认识，我觉得你们对这个问题讨论的方式不对。"

格雷对我的话感到不解。他一边摆弄着餐叉一边说："我非常愿意听听你的建议。"

我说："我想你们应该能找到一个解决办法。一个大家不但同意而且乐于接受的办法。"

詹尼特这时显得很感兴趣，她说："是吗？那你说说看。"

"从我所听到的，"我接着说，"你们5个人现在的立场和想法似乎难以调和，你们更像是敌人，而不是解决问题的合作者。你们没有考虑到其他人的意见，5个人都只顾着自己。"我又转向格雷说："你的立场是想打高尔夫，不想为了在外吃晚饭而刻意安排穿着，避免接触空调和潮湿的环境。是这样吧？"

格雷连声道："是，是。"

我又对詹尼特说："据你所言，你的需要是打网球，出去吃饭，不想自己驾车旅游。没错吧？"

詹尼特也表示同意。

于是我说："我觉得能符合你们条件的地方很多，何必非去得克萨斯或加拿大呢？"

他们俩都闭口不言。

这时，我示意餐厅服务员给我们一些水。喝了口水后，

第三部分 | 掌控局面 "竞争"或"双赢"的策略

我继续说道："小儿子想去看看高山，写篇作文；大儿子想游泳、钓鱼；女儿想利用假期补习功课，参加能力倾向测试。这就是你们要的所有条件，对吧？"

格雷说："我不知道，也许是吧。"

"听着，我知道你们家的气氛很好，你们彼此间相处融洽，相互信任。如果是这样，那你们已经成功了一半。你们难道没有想过召集全家在一起进行一次合作性的双赢谈判？你们有没有试过这种方法？"

"没有。"詹尼特回答。

"你们离开这儿后可以试一试。"我向他建议，"你们一定要全家在一起讨论，并且在处理家庭的问题上要征询孩子们的意见。不要一开始就说每个人的想法，针对每个人的需要，应该把谈论的焦点放在最后的结果上，放在如何满足每个人的需要上。换句话说就是'我们怎样才能使每个人都满意？'。"

格雷皱了一下眉头说："你觉得怎么样，詹尼特？我们是不是试一下？你不是比我聪明吗？你来当我们谈判的主持人好了。"

詹尼特耸了耸肩说："行，我看咱们可以试一下。"

一个半月后，我在办公室时接到了格雷打过来的电话，他显得很兴奋，"赫布，我们成功了。"

我问道："什么事情成功了？"

"我们为这个假期找到了一个合适的解决方案。"

"太好了,那么你们最后决定去哪儿?"

"去科罗拉多州的维尔洛基。我们一切都是按照你说的去做的。大家坐到一起,共同商量,一起决策;然后我们拿出了旅游图寻找一个能够满足我们每个人需要的地方;最后,我们一致同意去科罗拉多州的维尔洛基。"

"为什么选择去维尔洛基?"

"因为这儿可以满足我们每个人的需要。你也知道我曾说过得克萨斯和加拿大。这些地方确实不错,但是似乎众口难调。我们比较了很多地方,最后终于找到了维尔洛基。这儿有詹尼特喜欢的网球场,也有我喜欢的高尔夫球场。小儿子在这里也能看到高山,大儿子可以去游泳馆,也可以去湖边钓鱼,他甚至还可以去玩漂流。这儿气温温和,不是很潮湿,晚上很凉爽,根本用不上空调。这儿还有非常安静的房间,正好能满足大女儿要学习的愿望。对了,还有一点,我们不需要自己驾车,有直达巴士,詹尼特也不用开车。虽然我们每天都出去吃饭,但是这儿的人穿得都很休闲,所以我也不用再为穿着费神了。怎么样,是不是很好?"

"太好了,"我说,"你们终于尝到了合作的甜头。"

"说对了,这个会议使大家觉得关系又亲密了一些。你什么时候还来埃姆斯?"

第三部分 | **掌控局面** "竞争"或"双赢"的策略

我笑着说:"下次就说不准了,什么时候有事什么时候去,等你下次要度假的时候再说吧。"

格雷说:"太棒了,赫布,你总是能洞察一些很微妙的事情。"

我幽默地说道:"哦,你过奖了,你知道我的反应很迟缓,有时候连要将手指头放到嘴里时都对不准嘴呢。无论如何,你解决问题的方式的确很棒。"

这个电话让我一天都很高兴,因为我喜欢看到人们通过合作的方式去解决问题、避免冲突。

在格雷、詹尼特和他们的孩子之间,每个人都可以说是谈判的胜利者。"去向何方"式的谈判并不是一定导致各方的对立。这个家庭中的谈判,并没有以对立的场面出现。大家都关心别人的感觉和意愿,个人的意愿在和谐的气氛中与他人融合在一起,大家是在合作的情况下通过讨论避免了争执的情况。5个持对立意见的人在讨论中结合成一股共同解决困难的力量,因为在讨论之前,大家都对讨论的重点达成了共识——找出让大家满意的答案,他们强调的是最后的结果,并不是手段,结果是什么?结果就是得到了一个公平的、使每个人都能满意的解决方案。

我虽然没有参加他们的谈判,但是我敢说他们的谈判一开始就遵循了一个正确的思路,大家很快就对谈判的重点达成共识——为着团体共同的利益寻求答案。

通常来说,只要有持续的关系存在,那么在正式接触之前总是会有大量的准备时间,这些时间足以让你们建立彼此互信的基础。

然而,生活毕竟是生活。我们有时就会碰到这样的情况,即一场谈判不知不觉地一下子就逼到你的面前,你有时甚至一点准备都没有,突然袭击使你手足无措。这种情况对我们来说是一个严峻的考验。如何在很短的时间做出正确的决策?如何在很短的时间摸清楚对方的立场?如何在很短的时间建立互信?这些都是让我们比较头疼的问题。然而,这些问题能解决吗?回答是:能。

即使没有准备时间,你仍然可以在短时间内利用现有的信息来判断对方的想法并且尽可能地拖延时间以建立一种有利于谈判展开的互信机制。现在我就给大家讲一件我遇到的事,这件事恰恰很好地说明了这种情况。

谈判进行时

我不断获得价格折扣的真相

家人在我不在家的情况下通过谈判达成一致,认为我们家的生活方式实在过于单调。其实,他们的意思并不仅在于此,而是想借此向我施压,让我为家里买一台录像机和一台21英寸(1英寸≈2.54厘米)的索尼遥控电视。周五深夜,当我回到家中时,家里人马上告诉我他们达成的共识,一致同意由我来当采购代表,第二天早晨就去买

第三部分 | **掌控局面** "竞争"或"双赢"的策略

这些东西。大家都知道,我家是一个民主的家庭,所以不管我怎样抗议,都只能接受1∶4的严峻现实。

原则上我并不反对这件事,只是觉得现在买不是时候。我自己也打算买一台录像机,只是在一周劳累的奔波和谈判之后,实在不想为了买一些东西去商场同售货员大费口舌。

但是我只能按照他们说的去做。我们都知道,每个人都必须在家中维持其形象和地位。我现在遇到的最大困难是时间。大多数商场和电器行都是在早上9点开始营业,但是我又答应11点带小儿子去看足球赛,在这么短的时间里,实在难以搜集信息、掌握对手情况来很好地完成这个任务。

幸好我知道我的需求。我的家人无非就是想让我用合适的价钱买到录像机和遥控电视,然后商家能够送货上门,并且帮助我们调试到随时可以使用的状态。后一个需要对我来说特别重要,因为上次我自己装一个小鸟自动喂食器花了三个半小时。

在驶往电器行的路上,我对自己说:"赫布,你并不需要完成一件多么漂亮的任务,只要不被吉尼斯世界纪录记载你是世界上用最高价买一台录像机的人就行了,所以,你完全可以冷静行事。"

我表现得就像我拥有了这个世界上所有的时间,我的内心非常镇定。9:20的时候,我装作闲逛无聊的人士漫不经心地走进电器行,当然了,首先要和老板寒暄,我笑着说道:"嗨,早上好!"

老板看到我后说:"你好,先生,我能为你效劳吗?"

"哦,我只是随便看看。"

由于我是店里唯一的顾客,我看起来又显得非常悠闲和从容。过了一会儿,我同老板开始友好地交谈。我问他附近新开张的一个购物中心会不会给他的电器行带来什么影响。

老板说:"我们这段时间确实受到了影响,生意清淡了很多。由于旁边的这家商场刚开业,很多顾客都去那儿,我们的经营业绩下滑。但是我觉得这种情况很快就会改变,你也是知道这家商场的。人们总是对新的东西感到好奇,想看看这家新开的商场到底有些什么,等到他们看清楚之后,就不再对这家商场感兴趣了,你说呢?"

我点了点头表示同意。

他接着说:"我相信,老顾客们最终还是会回来的。"

我一边看着电视和录像机,一边继续和老板交谈。当然,也透露出我对录像机有些兴趣,并借着询问的机会,尽可能在很短的时间内同老板建立起初步关系。我告诉他我的住址,并且告诉他我认为社区附近的商家对于社区来说是非常重要的。

老板一边用手背来回地擦着嘴,一边小声地说:"要是这个镇子上的人都像你这么想就好了!"

第三部分 | **掌控局面** "竞争"或"双赢"的策略

当我开始交谈的时候，他向我透露了一些信息："我真的不知道为什么这儿的人总是喜欢用那些塑料信用卡。就好像政府没有印出足够的钞票似的，他们用这些玩意儿挺方便，但是每用一次我就多一层损失。"

当我们之间友好的交谈还在继续进行时，我用手指着一台录像机说："嗯……这个东西怎么用啊？我这人很笨，我甚至连直流电和交流电都分不清楚。"

他很有耐心地向我解释如何操作，并且说："在那家商场开张之前，有很多人到我们这里来买录像机，有的一次买两三台，但是最近一台也没卖出去。"我接着说："哦，如果他们买不止一台，那么你是不是像大商场一样也打折？"

"当然了，如果多买，我们这儿就会提供折扣服务。"

这时，我对录像机表现得非常感兴趣，他也乐此不疲地向我介绍了15分钟。我问他："那你觉得哪一款比较适合个人用？"

他不假思索地回答："这台最合适了，我自己就有一台这样的录像机，很不错的。"

这时已经差不多9:45了，我们之间的关系经过一段时间的交谈之后更近了，互相作了自我介绍后我们便直呼其名，他叫约翰。当然了，通过谈话，我了解了很多他的需要和遇到的问题。

优势谈判
沃顿商学院谈判实战课

由于我已经在短时间内基本上做好了谈判的准备,所以我应该切入谈判的主题了。于是我以《格列佛游记》中的男主人公要饭似的口吻问他:"嗯……我不知道这东西值多少钱,我一点概念也没有。但是,约翰,我还是希望能多少支持一点你的生意,这东西多少钱你是最清楚的。你看这样行不行,就像我信任你向我推荐的牌子一样,我也同样相信你会给我一个公道的价钱。咱们既然这么熟,我是不会和你还价的,你说多少就多少,现在就告诉我一个数字,我马上就付钱。"

听到我的话,约翰开心地笑了,他说:"谢谢你,赫布。"

我继续表现出信任、随和的态度,慢条斯理地说道:"我相信你,约翰。我觉得我现在很了解你,我们好像很久前就认识。我对你开的价钱毫无疑问,也许我在其他的地方也能买到同样的东西,但是我还是相信你这儿的,我就是喜欢与你做生意。"

约翰在一张纸上写下了录像机的价格,他把这张纸夹在两个手掌中间,然后缓缓地移开右手让我看上面的内容,好像生怕别人看见似的。

"约翰,我确实想让你有利可图,但是,当然了,我也想得到一个合理的价格。"

此时,我又透露了更多的信息(我到这儿还有一个任务,买一台21英寸的索尼遥控彩色电视)。我说:"等一下,

第三部分 | 掌控局面 "竞争"或"双赢"的策略

如果我还要买这台索尼遥控电视的话,总价是不是还会再便宜一些?"

"你的意思是一起买吗?"

"是的,我是听了你刚才的介绍才想买的,你不是说过一次多买一些的话还会有优惠。"我小声说道。

"当然要打折了,稍等,我把两个的价钱加在一起。"

当他最后准备告诉我总价的时候,我说:"还有一件事我们应当确定一下。我希望我付你的钱是公道的——我们俩都能满意。如果我们合作顺利的话,我们公司在3个月后还会来买同样的东西,你会依照同样的价钱卖给我,是这样吧?"

当继续我的话题之时,我发现约翰把刚写好的数字又划掉了。"但是约翰,如果价钱不合理的话,我以后就只能去别的地方买了。"

"当然会让你满意。"他答道,"你先等一下,我去去后面,马上回来。"过了一小会儿,约翰从后面回来了,手里拿着一张小纸条,上面潦草地写着一个数字。

依据他先前向我透露的消息,我又进而说道:"我正在想你几分钟前说的话,关于你急需现金的问题。你刚才不是说很多人都用信用卡吗?我突然想到,我本来也准备用信用卡的,但如果我直接给你现金的话,你是不是很方便?"

他回答:"哦,如果这样那就太好了。尤其是现在,这会省去很多事。"他一边说,一边在纸上又写了一个数字。

我更加"得寸进尺"地说:"你是不是能帮我安装、调试呢?你知道我马上要出差的。"

"是的,我们肯定会帮你安装的。"

到这时,所有的谈判内容都已经顺利结束了,所以我说:"好了,谢谢你,一共是多少钱?"

他让我看了一下总金额,一共是1 528.3美元。这个价钱我后来弄清楚了,是一个非常合理的价格。

于是我立刻去附近的一家银行开了一张支票,并且兑换成现金,然后回到了这个电器行,找到了约翰,把钱交给约翰。现在的时间是10:05——任务已经完成。

好了,这说明了什么?我是不是在这场谈判之前很仓促,没有多少准备时间?我是不是很好地解决了这个问题?我之所以取得了成功,主要是因为什么?

我有一个明确的"行动计划":

第一,建立信任。我开始的态度是真诚、友好、从容而放松的,回答他的态度是彬彬有礼的,这就很容易和对方沟通;

第二,收集信息。我采取的方式主要是提问、倾听以及交换意见,过程中我在短时间内获得了关于对方比较充足的信息;

第三,满足对方的需要。我所做的一切都显得入情入理,都能够满足老板和他的电器行的需要;

第三部分 | **掌控局面** "竞争"或"双赢"的策略

第四，利用对方提供的信息。我总是能够抓住对方的想法或者是透露出来的信息进行提问，并没有离开对方的意思漫无边际地询问对方。我所有的要求都是从他口中先说出的。

适时转化成相互合作的关系。主要目的在于让对方认为我是回头客，而不是一次性交易，这非常有利于你和对方的进一步沟通；

第五，适当的冒险。既然我已经做好接受任何价钱的准备，那么肯定会有一定的冒险性。在建立关系的过程中，我一步一步地同对方交换信息，掌握对方的情况，采取一些恰当的方法，尽量把冒险的程度降到最低；

第六，得到对方的帮助。让对方参与进来，利用他提供的信息解决彼此之间的问题。

约翰不仅干净利落地为我们装好了机器，还免费送给我一个录像机支架，这可是我没想到也没有要求他这样做的。当然了，2个月后我也兑现了我的承诺，为公司购买了相同的录像机。就是因为这两次交往，我和约翰成了朋友，并且关系越来越近，也越来越信任对方。

从本质上说，如果能够在彼此之间建立信任关系的话，那么就可以奠定合作的基础。你也可能注意到，有很多人可能失恋，但是很少有人失去别人的喜欢。如果你们之间缺乏信任，那么你们之间合作的基础就像是建立在流沙之上，短期内可能会发挥作用，但是一遇到问题顷刻就会土崩瓦解。

举例来说，比如在政治领域，有时一些竞争者也会走到一起，但是如果他们之间没有坚实的合作基础，虽然为了某个目标会暂时达成一致，携手前进，但是当各自的利益发生冲突时，他们之间的合作关系、友谊立刻就会烟消云散。所以，如果你想在谈判中达到使你满意的结果，那么第一步必须是和对方建立信任。越早越好！

曲线原理：谁能影响他的决定？

作为孤立个体的人是不存在的，你所交往的每个人都会受到他周围人的影响。不论是亲朋好友还是你的老板，他们都会在周围各方的鼓励和支持下维持着他们现在的地位。即使是所谓的领导，大到国家的首脑、政府要员，小到一家之主，他们的背后都会有一个组织在支持他们、鼓励他们、帮助他们进行决策。事实上，领导从某个意义上来说，也需要别人的帮助，为他们做最好的策划。

假设你现在必须经你老板的同意去做你想做的一件事，在说服他的过程中，你得出一个结论，他是一个非常固执的人。你在心里默默地说："这家伙真是太古板了，简直是不可理喻。跟他说话就像是对牛弹琴，这家伙的基因是不是有问题！"

解决这个问题的方法不见得是无条件地服从他或者是对他进行一次基因检查，抑或是同他进行正面冲突，采取"暴力施压"的方式这么简单。正确的做法是，发现能够对你的老板产生重要影

第三部分 | **掌控局面** "竞争"或"双赢"的策略

响的人,然后通过这些人的帮助去达到你的目的。

除了那些深居山林的隐者之外,每个人都处于和其他人广泛联系的网络之中。你和你的老板概莫能外。这个巨大的人际网络的节点就是家里家外所有和你有联系的人。你有自己的朋友、下属、合作者、同事,你还有一些老熟人,你非常重视他们的观点和想法。这些人之所以如此重要,是因为在将来你可能需要他们的帮助。

这个大网络之中又包含着你的小组织。你本人是这个网络的一个节点,同时你还处于小组织的核心位置。但是不管怎样,这个网络中的其他人都会对你产生影响,只不过是影响大小不同而已。

如果我能够采取某种方式触及你的组织,那么他们的活动可能会使你的行动偏离原定的轨道,他们的言行势必影响你的决定。不是这样吗?我们可以静心思考。为什么对一些事情你会有一定的做法?你为什么这样生活?你在哪儿生活?你为什么要开现在这部车?这些都是你自己决定的吗?或者是你和你的小组织一起决定的?抑或是别人影响你做出的决定?平心而论,你就不得不承认你的很多选择,至少是部分的,都是其他人或是受到他人的影响做出的,都掺杂着别人的意见。只不过你可能经常处于主导地位,就像我一样。

拉尔夫·沃尔多·爱默生曾经说过:"事情犹如马鞍,但它却常常骑在人的身上。"我可以通过亲身经历来向大家说明这个道理。

> 谈判进行时
> YOU CAN NEGOTIATE ANYTHING

这可是妻子、孩子和亲朋好友的意愿啊！

几年前，我住在伊利诺伊州北部一个名叫"自由村庄"的乡村社区中。在这儿，我有5英亩（1英亩≈4 047平方米）高低不平的土地，一大片郁郁葱葱的橡树林和一套有9间房子的别墅。我一直认为我们待在那儿是非常舒适的。但是一天早晨我的妻子却对我说这儿并不是很理想。她说："这儿的生活方式并不适合我们。没有公共交通，出入很不方便。更重要的是这儿的教学质量一般，学校的条件普遍较差，孩子在这里无法得到高质量的教育。"妻子的一番话使我陷入了深思，我一边喝着咖啡一边想着下一步的决定。最后我还是决定离开这儿。

由于我经常出门在外，出差几乎是我的全部工作，所以打理全家、照顾孩子的重任全都落在了妻子的肩上。一天，她忽然意识到房地产市场在7年中已经发生了巨大的变化。一方面她看到了房地产价格快速上升，另一方面又不得不面对。

尽管感到很沮丧，但她还是翻来覆去地寻找了2个月。显然她在这2个月中非常累，但我却和往常一样，因为我并没有因此而耗费精力。一个周末，为了给她打气，我鼓励她说："继续努力，你做得很好，只要你坚持，那么你所有的付出一定会得到应有的回报。"

第三部分 | 掌控局面 "竞争"或"双赢"的策略

但不知为什么，我的这些话并没有使我们的关系得到任何改善。由于我对她整天泡在房地产市场不理解，她决定让我也了解一下房地产市场的情况，因此她决定让我周末陪她一起考察房地产市场。

每周五晚上我都是很晚才能回家，而且一下就倒在床上，希望能好好补补觉，但总是事与愿违。我妻子总是在第二天黎明时分就叫醒我，并给我冲上一杯咖啡，然后在星期六一整天都逼着我东奔西走去看房。星期天的情况和星期六一模一样，直到我去机场之前才得以解脱。3个星期下来，一说到周末，我就不禁为之变色。

终有一天，我感到精疲力竭，难以忍受。我大声说："你不是老说你想自我实现，自我超越吗？你是一个自由的女人！那你为什么自己不去买房呢？你自己去买，买到了之后告诉我一声就行了。我会和孩子们搬进去住的。"我稍微停顿了一下，又说道："其实，我真的不知道我们一直在做什么。因为我们在家待不了多长时间，什么样的房子对我来说都无所谓。"换句话说，我这样说就是"把球踢给她"。

在接下来的几周中，我知道她一直在找房子，但并没有妨碍到我，因为是她一个人在找，我并没有参与。这样，一直到令人记忆犹新的那个星期。

我的大部分时间都是在外面出差，因为我的职业让我只能把大多数时间留在外面，但是只要不在家里，我每天

优势谈判
沃顿商学院谈判实战课

晚上都会给家里打电话。我承认电话中的我不是一个能言善辩的人。多年以来，我在电话中讲话都是按照一个模式。打电话的第一句话总是："喂，怎么样？"而我喜欢听到的回答是："很好！"接下来我会说："有什么事吗？"我希望对方的回答是："没有！"

就是在令人记忆深刻的那个星期，我和往常一样，还是每天晚上都给家里打电话。周一到周三仍然按照固定的模式对话，但是星期四晚上事情发生了变化。我又一次说道："喂，怎么样？"

我妻子回答："很好！"

"有什么事吗？"（能有什么事，我昨天晚上刚和她通了电话。）

这次妻子的回答大大出乎我的意料。

"我买了一套新房。"

"什么？你说什么？再说一遍！"

"哦，我说我买了一套房子。"她漫不经心地说。

"看，我知道你会感情用事。你的意思是不是你看中了一套喜欢的房子？"

她说："是的，我还买下了它。"

我感到喉咙好像被什么东西卡了一下。我说："不，不，你的意思是你看到了一套房子，你很喜欢它，于是你出了价。"

"对，他们接受了我的出价，并且，我已经买下来了。"

第三部分 | 掌控局面 "竞争"或"双赢"的策略

我这时说话似乎已经语无伦次了。"什么？你买……买……买了？一套房子？不，不可能。"

"哦，我真的买了，真的很容易……你会喜欢它的。这是一个英国都铎式建筑，共有16间房子，房龄有55年了，在这儿还能看到密歇根湖呢。"

这时，我感到一阵痉挛从我的右臂经肩膀传到了左臂，我一遍又一遍地结结巴巴地说着："你，你，你……买，买……买了一套房子。"

"是的！"我的妻子特意强调了一下。

终于，她察觉到我对此似乎不是很满意。于是她降低了腔调又说："不过，我在合约上注明了需要你的签字确认，购买合同方可生效。"

这句话才使我长长地舒了口气，压力突然间消失了。"你的意思是说，如果没有经过我的同意，这项交易就不算数？"

"当然了。"妻子继续向我解释道，"这房子可以为我们留到星期六早上10:00以前。你要不喜欢这套房子，我们不要就是了，只不过我前段时间算是白忙活了。"

星期五深夜我回到家中，第二天一大早就起来了。妻子准备和我一块去看她将要买下的房子。然而，像买房子这样的大事，还是得由一家之主的我来做最后的决定。上了车后，当然由我来开车，而她则坐在我身旁副驾驶的位置上。

途中，我突然想起一件事，于是我对妻子说："对了，你有没有向任何人说过这套你将要买的房子。"

"当然说过了!"

"怎么会有别人知道呢?你不是刚决定要买嘛!"

她回答:"有很多人都知道了!"

"谁?"我要打破砂锅问到底。

"哦,一开始我就给邻居和朋友们说了一下。他们今天晚上还要专门为我们举办一个盛大的欢送晚宴呢!"

我感到下巴上的肌肉越来越紧。"你说的'一开始'是什么意思?还有别的人知道这件事吗?"

"哦,我们全家人都知道——我家和你家的人啊。他们不但都知道,我母亲还为我们定做了客厅的窗帘,我量了尺寸后打电话告诉她的。"

我的胃也有些不舒服了:"还有谁知道?"

"孩子们都知道呀,他们又告诉了他们的朋友、同学、老师。他们把自己的卧室都选好了,莎伦和史蒂芬已经在商场给他们的新房子定做了家具。"

"那我的狗知道吗?"为了缓和我的紧张情绪,我故意转了一下话题。

"噢,弗拉费已经去过了,它到了新房高兴得很,到处又闻又嗅。它最喜欢隔壁的消防栓。对了,新房附近有只漂亮的公狗让弗拉费非常高兴。"

第三部分 | **掌控局面** "竞争"或"双赢"的策略

到底发生什么事了?组织和领导似乎完全脱离了关系,不就是这样吗?这就是组织行为的"曲线原理"。我们都知道,组织中的成员都会肩并肩地蹒跚前行,即使这条路不一定对,他们也要继续前行。处于组织中的每个人似乎都会受到其他人的影响,这也许就是"随大流"效应吧。领袖孤孤单单地被遗弃在荒野中,整个团队将领导人丢在一旁,自顾自地前进。这现象简直就像在荒漠中一人独处,连杯水都没有,而其他人都在前方欢宴畅饮。

我现在遇到的情况就是这样,像我这样一个领导人现在已经被彻底孤立了,他的决定已经很难影响组织的决定,组织的决定甚至已经和我的背道而驰了。你认为在这种情况下,孤单的领导人,该做出怎样的选择呢?你猜对了,为了保持他的地位以及头衔,他有时也只能勉强做出决定,这种决定可能并不是他心中所想的,甚至是完全不同的,但是在这样一种情况下也只能是这样了。

我经常会有这种感觉,那就是我妻子比我更懂得谈判的真谛。她熟谙"当整个身体向前移动时,脑袋必然会跟着前进"的道理。

我妻子的做法就是,首先使一些人对她的决定做出承诺,而这些人对我来说都非常重要,或者可以说是对我能够产生重要的影响。她就是在实践着一句古老的名言:求得宽恕总是易于求得允诺。她会把一件事转化成一种既定的事实后展现在我的面前。虽然我是组织的领导人,但是在各方的压力之下,在各方的影响之下,我只能做出违心的决定。我最后在合约上签了字,这一切都只不过是支持我妻子、孩子、亲朋好友、邻居以及弗拉费——我家那只狗的意愿。

不要将任何人看成是绝对孤立的个体，把你想要说服的对象当作某个组织的核心。你可以先从围绕在核心人物四周的人之中打开突破口，从他们手中获得承诺与支持，这样，对你将要说服的对象会产生意想不到的影响力，最终使你达到满意的效果。

面对挑战，先认清你的对手

通往成功的道路总是充满了艰难困苦。你要是想取得成功，那么这条成功之路肯定不会一帆风顺，难免会遇上挫折与困难。所以，遭遇挫折完全在我们的预料之中。正是从这些挫折之中，你的思维更加敏捷，正是借着这些磨炼，你的技巧才会日臻熟练，这些都使你平淡的生活平添了无穷的乐趣。在公平竞争下，你的对手会对你产生压力，正是这种压力，才使你不断发展、前进。正如霍华德·惠特曼所写的："难道你不会在遭遇的挫折困境中，学到更多做人做事的道理？"

对抗从某个意义上说，构成了人的一生。我们正是在对抗中才会遇到挫折，而一次次的挫折之后，我们才会吸取教训，不断进取，人生就是这么回事，你全身的肌肉系统亦有赖于此。当婴儿第一次试着站起来的时候，因为受到重力的作用而一次次地跌倒，但是在一次又一次坚持不懈的努力之后，婴儿的腿部、腰部以及各个部位的肌肉都得到了锻炼，最后他终于可以摆脱重力的作用，成功地站立起来。

第三部分 | 掌控局面 "竞争"或"双赢"的策略

为了得到你想得到的东西,你必须先面对对手的挑战。要是你没有对手,可能是因为你尚未正式采取行动。一般来说,如果成果来得非常顺利,没有经历任何困难挫折或是对手的挑战,那么我们取得的成功也就没什么价值可言。很快的,你会从老板、同事、朋友或是家人那里得到压力,因为你看起来无所事事。而这可能会使你有时不得不与自己谈判,试着解决他人对你的误会或不满,所以问题不在于你有没有对手,而在于对手何时会向你施加压力。

你的对手通常有两种:意见相左型对手和根本冲突型对手。

意见相左型对手

意见相左型对手是指在某件事上,不同意你的意见或选择的对手。这种对手通常是在没有完全了解你的意思下出现的。

比如,你说:"我想应该这样来做。"这时,意见相左型的对手会说:"不,我觉得应该那样来做。"对这种直接、明显的冲突而言,你可以用我在前面章节中提出的一些方法进行解决。只要你运用了这些方法,我想找出能够满足双方需求、圆满解决问题的方案是完全可能的。

要记得,我们采取的方式是鼓励大家畅所欲言,提出意见、提供信息、分享经验及感觉,以供人家利用,以此来寻找使大家共同受益的解决方案,甚至通过双方共同努力,携手合作以达到目的。这种情况发生的可能是因为双方能够体会出彼此相互合作的力量,双方可以通过合作取得更多的利益,而这种利益是大于任何一方单独努力所能取得的。

当这种情况发生时,你可以将双方向彼此施加的压力成功地转化为满足各自需求的动力。在这种情况下,一个公开的对手反而可以成为潜在的合作伙伴。当彼此反对的因素消除之后,也就是双方享受成果的时候。然而,为什么这种结果并不多见呢?

我想主要是因为多数人在一开始谈判的时候,难以成功建立互信,难以在进行合作谋取共同利益的问题上达成初步共识。他们在谈判中主要是只顾及自己的立场,为了自己的利益来决定采取什么样的态度,使用什么方法。

他们甚至为了自己的利益,不惜提出苛刻的要求,有的还提出了最后通牒。在这种相互对立的情况下,双方只能以数字为凭据,失去了理性的交谈,进入你输我赢的竞争状态。这一切都使原来有希望携手合作的潜在伙伴突然成为势不两立的对手。

如果双方意识到他们的处境,那么他们就能够搁置"我的方案对抗你的方案"这一争议,转而成为相互合作的伙伴。可以想到,即使是双方已经做出了很多有损于对方利益的事,只要他们及时交换信息,重新研究对策,也能够重新回到合作的轨道上来。

但是如果双方一味争执,不肯让步,想得到和解的机会就非常渺茫了。这种情况下,要想在谈判中达成最后的协议,无异于用匕首去砍一棵红杉树。这种树的树身很坚硬,没有柔软之处可以让你下手。你可以放弃,你也可以一直继续下去,但是那棵树永远都不会倒。

我的意思是,比如你来我公司面试,想让我给你一份工作。

第三部分 | 掌控局面 "竞争"或"双赢"的策略

你的要求是年薪 5 万美元,这是你觉得应得的报酬。基于公司的工资等级制度以及其他职员的工资水平,我只愿给你 3 万美元的年薪,这就是我的结论。你坚持说 5 万美元是你所愿接受的最低价,我也不退让地说 3 万美元是我可以给出的最高价。我们谁也不想做出让步,你不想再降我也不想再加。

最后,为了打破这个僵局,并使气氛和谐一些,我说:"好吧,我加到 30 200 美元。"

我们针锋相对,带着嘲讽的口气说道:"好吧,或许我可以降到 49 990 美元。"

我们彼此都摇着头,像是悬崖边上互不相让的两只山羊。

"就是这样?"我终于问道。

你回答:"不能再低了。"

于是,你转身离开了我们公司去到别处求职,而我将你的资料从一堆履历表中抽出,随手丢入垃圾桶里。

但是,如果我们两个意见完全不同的人,向着寻找能够满足我们共同需要的解决方案一起努力的话,又会有什么样的结果呢?我们可以慢慢地建立彼此的信任,分享对方的信息、经历、情绪及了解对方的需求。当我们了解对方的立场与背景之后,我们看待问题时往往会站在对方的立场上,这时再提及薪水的差距时,就不会有过激的反应出现了。

尽管我们做出了一些努力,但是僵局似乎仍然没有消除,在薪水的问题上,我们的意见还有很大的差别。假设我现在倒杯茶给你,并建议道:"我们现在是不是暂时避开薪水这个问题不谈,讨论一下公司可以提供的福利,或许从那儿你可以获得一些补偿,满足你的需要。"

听我这么说,你一般不会对我置之不理。于是你点头同意。接下来,我们共同研究公司所能提供的各项优惠条件和福利政策,告诉双方自己的权限及所能接受的条件,以及自己的需求。我们现在所做的一切就是将你输我赢的谈判转换为互相理解的合作,并尽量采用迂回的策略,用其他方面的补偿来解决工资问题,这种解决方法富有弹性,容易使双方趋于合作。

在坦诚友好的讨论后,我们又建立起了一个谈判的格局。在这个格局中,虽然你的年薪仍然只有 3 万,但是在其他方面做出了补偿,这部分虽然不是现金形式,但其价值或许要超过 2 万。这时,虽然你的年薪是 3 万,但由于公司的福利,你的年薪可能要多于 5 万。

我们的补偿措施是:

> 公司提供用车、交际应酬账户、全国性的俱乐部会员资格、按股分红、退休基金制度、低利率贷款、免费医疗保障、牙医补贴、免费人身保险、公司负担 85% 的住院费用、员工免费再教育、股权选择、额外的休息时间、每年多 7 天假、预算自主权、单独的办公室、单独的停车位、孩子们的教育计划、负担搬家费用、每笔交易的分红、私人秘书、办公室的重新装修、如果需要,公司可以买下你现有的房子、

第三部分 | 掌控局面 "竞争"或"双赢"的策略

公司出资参加每年一度在夏威夷由工业联合会举办的年会、公司新产品的产权共享。

显然,我所提供的福利是任何一家公司难以提供的。这一串列表只是一项参考,它说明人的需求是多方面的,完全可以通过支付工资以外的形式使每个人的需求得到满足。

在上面的这个福利清单中,我所列的每一项都需要公司额外支出费用。可是对公司的立场而言,在这方面的花费,或许比直接提高员工薪水的方式更容易让公司接受。此外,对你而言,在这些方面得到的收益是实实在在的,有一个非常大的好处就是不须向国税局缴纳所得税。从这一点上说,你得到的福利或许比直接获取的薪水要多。

需要注意的是,以上所列的 25 项福利,并不是你都能获得的项目。其中,有些对你非常有利,有些对你来说意义不大。这个例子主要是让大家明白,薪水或者说是金钱,还会以其他的形式或形态表现出来,关键是能不能满足你的真正需求。

如果你可能在未来的某一天去求职,那么我开出的这些福利是不是也能够满足你的需要?我想这些福利对大多数人来说是有利的,那么求职者所获得的价值,或许比 5 万美元年薪还要高。假设这个创造性的协议是合情合理的,那么你也不必因为你是雇员而感到不好意思,因为一个有价值的员工,完全值得公司为他多付出一些。

以上的例子完全是为了说明如何有效对付公开的阻力虚构而成的。下面我再举一个真实的例子。

> 谈判进行时

想打破坚冰，先找到症结所在

几年前，一家大公司想购买俄亥俄州东部的一个私人煤矿，我作为这家大公司的代表参与了双方的贸易谈判。矿主是个很难对付的老手，他要价 2 600 万美元，而公司最初只愿出价 1 500 万美元。

"别开玩笑了。"矿主说道。

而公司的回答是："不，我们是认真的。如果你真的想做这个生意并且给我们一个合理的价钱，我们是会考虑考虑的。"

矿主维持 2 600 万美元要价不变。

后来的几个月里，买方出价从开始的 1 500 万提高到 1 800 万、2 000 万、2 100 万，后来又提高到了 2 150 万美元，但是卖方一点降价的意思都没有。到现在为止，出现了我先前说过的局面，双方谁也不想让步。

现在的情况是，买方出价 2 150 万美元对卖方出价 2 600 万美元。对这次谈判来说，这个分歧似乎是一块无法打破的坚冰。如果你没有掌握对方的重要信息，那么也无法制订使

第三部分 | 掌控局面 "竞争"或"双赢"的策略

谈判继续进行的一揽子方案。

令我迷惑的是,为什么卖主不愿接受买主给出的一个已经非常中肯的价钱?为了澄清这个迷惑,我每天都和卖方的老板共进晚餐。每次进食的时候,我都要拐弯抹角地解释买方给出的价钱是多么的合理。但是卖方老板总是沉默寡言,对此避而不谈。直到有天晚上,他终于说道:"你知道吗?我弟弟的煤矿卖了2 550万,除此之外,还得到了一些额外的好处呢。"

"啊哈!"我恍然大悟,"这就是他维持要价不变的原因,我们忽略了他在其他方面的需求。"

得知这消息之后,我敦促公司的高级职员加入谈判并说道:"我们查一查他弟弟的实际所得,然后再来重新制订我们的提议。显然,我们现在必须处理一些重要的个人需求,这同市场行情没有什么太大的联系。"

后来,公司的高级主管也来参加谈判,我们全力配合。我们按照这个方向进行谈判,短期内即与卖主达成协议。我们最后的出价在公司的预算范围之内,然而公司在其他方面对卖主的照顾,都使卖主觉得他最后所获得的比他弟弟要多。

根本冲突型对手

在对"意见不同的对手"进行分析后,我们知道在这种状况下,经过适当的协调，完全能够找出使双方都能满意的解决方案。

根本冲突型对手我们可以理解成在情绪上同你对立的对手，他不仅反对你的立场，或者是根本就反对你这个人。只要你所赞同或拥护的意见，他都恶意地反对。显然，同这种对手进行谈判，缺乏互信的空气，难以架起双方互相沟通的桥梁。这时，只依据数字等硬性标准来谈判，想要转换成相互合作的局面是不太可能的。

一旦你让对方成为根本冲突型的对手，那么他们会在很长一段时间内都对你持有难以改变的看法。你所有的意见、逻辑、事实、想法，都失去了它们应有的效力。所以，在谈判刚开始的时候，千万不要让对方一下子就成为彻底反对你的对手。在谈判中，避免根本冲突型对手的出现有如避免瘟疫一样的重要。

接下来的一个问题是：既然根本冲突型对手这么可怕，那么怎样才能避免对方成为根本冲突型的对手？"面子问题"通常是使对方在情绪上同你根本对立并进而成为根本冲突型对手的主要原因。

"面子"是为了要别人尊重我的存在，是人们注重在公开场合的形象。我所关心的是，在艰苦的谈判之下，要能够确定我的价值、权益、名望以及所受的尊敬，不要因为一些事情而受到损害，结果失去了我的"面子"。

"自我评估"，换句话说，是一个人自己看他自己的角度、身份、所具有的地位、价值以及所扮演的角色。

这两种心理行为，在概念、内容的界定上有所重叠，也略有不同。如果简单地加以区分，"面子"主要是个人在公众场合所表现的形象,"自我评估"则会让自己看到自己的形象。

为了能很好地阐释我的原理,我现在举一个例子。比如,我在私下的场合称呼你为傻瓜、小丑、骗子。像这种没有别人在场时对你的人身攻击,你也许并不很在意,也丝毫不会影响你对自己形象的肯定。

你转身离去,一面摇着头,一面可能会想:"这家伙有病,真是有些无聊。"如果在第二天,我在一个公开的场合里为我昨天粗鲁的言语道歉,你可能很容易就原谅了我,因为当时只有你我二人在场。

但是我们想想,如果这件事发生在公众场合中,情况就完全不同了。比如在一个正式会议上,或者在你的上司、部属面前,我称你为骗子、傻瓜,虽然你的自我评估告诉你,我这样说你毫无真凭实据,但是在那种场合讲这些话却给你带来了很大影响,你会觉得颜面无光并且感到自尊受到了伤害。这时,你心中开始记数:"一次、两次、三次,好!我们走着瞧!我一定要报复你!"

假设第二天我单独拜访你,为昨天言语失常冒犯了你,向你道歉,祈求你的宽恕。但是这次,你几乎是不可能接受我的道歉的。因为当时我不仅损害了你的自尊,而且是在公众场合下嘲笑你,你因此而受到了非常大的伤害,但是我现在却在私下与你和解,你感到我的做法无法补偿你的损失。

每个人都是竭尽全力来维护自己的颜面。我们也是一样,为了面子问题,甚至可以做出常理之外的事。有句歌词在前些日子非常流行,"如果某些记忆让你痛苦,那么我们就忘记它"。

优 势 谈 判
沃顿商学院谈判实战课

10年前,我认识了某公司的一位高级主管,在他为公司踏踏实实工作了多年之后,突然间被公司辞退了。命运的悲剧让他难以接受,因此这件事他无法告诉家人及朋友。每天早晨到了上班的时候,他照常拎着公文包,从居住地乘车去曼哈顿,然后在电影院或是图书馆里耗上一天,直到下班的时间,再搭车回家。

这种生活一直持续了近两个月。直到有一天,妻子不经意打电话给他,才拆穿了他的谎言,知道了他失业的事实。这是一个悲剧故事,但是却深刻地反映出人们多么注重他们在一些熟知的人包括亲人眼中的地位。在读《尤金·奥尼尔》和《田纳西州的威廉姆斯》两个剧本时,你会发现剧中的主题就是在于如何维护"面子问题"。

既然我们知道人们为了面子常会做出一些出人意料的事,那么我们必须尽量避免在公众的场合使自己的对手难堪。我们必须时时刻刻提醒自己不要做出任何有损于他人颜面的事。

在提出意见表达你的立场之时,千万要注意避免招来任何根本冲突型的对手。你必须记住一个简单的物理学上的原理,"一种力的作用必然引起反作用力"。伯纳德·巴鲁也曾注意到这一点。他说:"两种事情对心脏有损,一个是跑步上楼,另一个是把别人踩在脚下。"

我们可以从以下两个例子中看出一个根本冲突型的对手给你带来的严重后果。

第一位在这个方面有过教训的是某个大型公司的领班。她叫凯特,应该说是一位能力很强的职员。她所在的公司实行一种名

第三部分 | 掌控局面 "竞争"或"双赢"的策略

为"公开投诉"的制度。这个制度的意思是，如果雇员认为他们受到了不公平的待遇，可以直接向最高层的领导人上诉。凯特认为她的上司没有给她公平的待遇，并且向上司反应之后，没有得到任何回复，因此她想行使一下自己的权力。

于是她写了封信给公司的总裁，投诉她所遭受的待遇是不公平的。后来，她接到通知说要去公司的某个部门反映情况。在这里，这个部门的副经理会见了她，接待她的副经理比她的上司还要高两级。当凯特诉说完具体情况之后，她的上司立刻处于非常不利的境地。

一个星期后，凯特和她的上司一起来到了部门主管的办公室里。当着主管的面，凯特的上司当场向凯特承认了错误并请求她原谅。这件事的发生，使凯特的需要得到了满足，殊不知，在她的需要得到满足的同时，她和上司之间的关系也从此恶化。

从此以后，凯特的生活不再像以前那样宁静。她的上司显然对她的行为感到不满，于是多次在公众场合，公开指责她的错误。此外，他还仔细记录她上下班的时间。在每个月例行的部门工作会议召开前，凯特收到开会通知比往常都要晚很多，结果使得她每次都非常被动，甚至无法完成工作总结报告。虽然她的工资有所增长，却比她期待的幅度要小很多。

在"投诉事件"发生10个月后，凯特接到了一个调换职务的通知，是一个她从未经历过的无聊岗位。

第二个例子的主角是文斯，他是一所高中的社会科学教师，同时也是学校篮球队长期以来的教练。由于学校所在的城市要对学校的现有用地进行重新规划，此外学校还要对每年上缴的税款进行重新评估，因此校长召集全体教职员工一起讨论哪些方面应该削减经费的问题。

校长把准备的资料向与会人员做了较为详尽的展示。在做出结论后，她将所有的资料都收到了公文包内，并且习惯性地问道："你们还有什么意见？"

这时，文斯举手发言。文斯指出，校长向大家展示的数字中，有一些地方不合逻辑并且能够看出明显的错误。不仅如此，他还指出校长最后所做的结论似乎难以找到令人信服的根据。

这些言论都是针对校长个人而言的。校长是一位数学方面的专家，拥有数学硕士学位。他经常引用米开朗基罗的话："琐碎的事构成完美，而完美的事并不琐碎。"校长在事后并没有对他谈及任何有关他职务的事。然而，在接下来的一个学期，文斯没有再当篮球教练，取而代之的是足球教练，但是他对足球一窍不通，连足球有哪些规则都不知道。1年之后，文斯被调到了一个离他家很远的学校任教。

据我所知，文斯现在仍在那所学校任教。从他的事业来看，你也许会说这只不过是暂时的停顿。但是对于通往成功的道路来说，这无疑是一次重大的失误。

这两件事都说明，在公众场合得罪别人带来的后果有多么严重。即使你是对的，也不要直言不讳地指责别人——至少不要在公开场合指责别人。记住这点，不仅是为了别人，也为了你自己。

第三部分 | **掌控局面** "竞争"或"双赢"的策略

那么你应该怎么做才能避免这种根本冲突型对手产生呢？我想至少应该注意以下两个方面：不要忘记态度的影响力、不要对别人的行为和动机妄下评论。

不要忘记态度的影响力

你应该还记得我在前文中提到，无论是在工作上还是在家里，都应当把谈判看作一场游戏——关注它，但是也不要过于关注。即使你刚受到对方无情的打击或报复，也要保持克制，放松自己。要记住，冲动时所采取的行动，往往使你受到最大的伤害，非理智的行为只能带来更加严重的后果。我们应当有这样的心态：没有任何人或任何事能激怒你，除非你自己有所反应。这也就是我们常说的"不以物喜，不以己悲"。托马斯·杰弗逊曾对他的幕僚说道："一个人的最大优势就是无论在什么情况下，都能保持冷静。"我们应当不停地对自己说道："这只不过是一场游戏。只要知道了它的阴谋所在，又能奈我何？我关注它，但是，也没必要过分关注。"

不要对别人的行为和动机妄下评论

因为你无法了解一个人的内心，难以窥见一个人的思想，因此很难肯定你是否确实了解他人的想法。有时我们甚至连自己的想法都说不清楚，又怎能随口来评论他人呢？

此外，如果你必须对某件事或某个人做出评价，那么我们应当经过认真分析后再进行适当的评价。

比如，一个小孩放学回家后的晚上，他随口对父母说道："嗨！爸、妈，你们知道我今天遇到了什么事？刚才有人给我根大麻烟呢！"

"什么？"父母异口同声对着孩子大声吼叫，并且马上严厉地责问孩子。父母的异常举动使孩子受到了惊吓。孩子跟跄跌坐在地上，露出茫然的表情。我问你，这是一次坦诚而公开的谈判吗？这次谈判可能会有什么样的结局？

撇开这问题不谈，将来又会有什么影响？父母会为了这种反应而向孩子赔礼道歉吗？在以后的岁月中，他们还能和以前一样与小孩亲切相处吗？我对此表示怀疑。

或许我举的这个例子并不十分恰当，但是在我们的日常生活中，难道没有一些与此相似而为人熟知的误解吗？我可以举几个例子：

父母走进孩子的房间说道："瞧瞧你的房间，都乱成了狗窝。"

女主人对女佣说道："你这个没用的家伙，你难道不能先把剩余饭菜倒入垃圾桶里，再把盘子放入洗碗池里吗？"

生气的父亲对孩子吼道："你的录音机里放的是什么乱七八糟的音乐，吵得整条街的邻居都不得安宁。"

谈判者对着隔桌而坐的对手说道："你对数据的分析和计算成本的方法是完全错误的。"

第三部分 | 掌控局面 "竞争"或"双赢"的策略

从上述的 4 个例子我们可以看出,发言者都是站在自己的立场,对别人的生活方式、价值取向等方面的内容,做了不公正的评价。

我举这些例子绝对不是说,你的家人会在这种情况下,成为你的根本冲突型对手。我的意思是,像这样非常不恰当的评议,会让对方感到非常不快,会伤及对方的脸面。更重要的是,这种习惯,可能使你在其他场合中,也会脱口说出得罪人的话。而在一场谈判中,你很可能会因为几句话,就使能建立互信的希望化为泡影,结果使自己的利益也受到了损害。

想要降低这种风险非常容易,你所要做的只是将对话中的"你"改成"我"。虽然是简单地改几个字,但是借着"我"的说法,你所表达的只是个人的感觉、反应以及需要,而不是对对方做任何评价。

上面我举出的 4 个例子,在经过调整后语气明显缓和了很多,而且不会使别人感到难堪。

"如果房间不够整洁,我就会感到非常压抑、难受而且失望。"

"如果先把盘子里的残渣清理掉再放进洗碗池里,我会觉得比较容易清洗。"

"我很怕嘈杂的音乐,尤其是当我疲倦的时候。"

"我对这些资料有不同的看法,我觉得……"

某些对立的情况是无法避免的,因为它是事物发展过程中一定会遇到的情况，我们常说"矛盾无处不在，事事有矛盾，时时有矛盾"就是这个道理。所有事物的发展都是由互相对立的矛盾不断避免斗争、不断相互促进引起的。正是由于人们的意见经常相左，这个世上才出现了谈判，而且正是由于谈判各方的需要不同，参与者才想方设法去寻求能够满足各方需求的解决方案。所以我说，矛盾促成了事物的发展。

所以，我们应当把意见相左型的对手看成是我们潜在的合作伙伴。让对方了解你的立场及想法，千万不要妄自尊大。虽然有压力存在，但我们要相信压力总是可以消除的，所以意见相左型对手完全可以成为合作伙伴，而不会转变成根本冲突型对手。

当你对我在这章中所讲述的一些原理、观点和想法感到认同时，你就会明白在互相合作的谈判中，完全没有必要迫使对方接受你的想法、愚弄、欺骗对手甚至是操纵对手。

相反，我还建议你在谈判中尽量去建立并维持同对方的长期合作关系。彼此信任的双方，意味着运用双方团结的力量，携手解决问题，以求满足双方的需求。在互相信任的情况下，双方的需求都可充分获得满足，并且彼此的"面子"也可得到维护。

有意识地运用"折中法则"

不幸的是，很多谈判的参与者对折中大都存有误解。他们认为折中与合作没有什么区别。殊不知，折中与合作是截然不同的

第三部分 | 掌控局面 "竞争"或"双赢"的策略

两回事。按照它的定义，折中是双方都向后退一步从而达成协议，这时，彼此都丧失了一些本来想得到的东西，任何一方的需要都无法得到充分满足。

折中的策略是在你我的需求相互对立、难以协调时运用的。在这种情况下，折中的解决方案绝对不可能使双方完全满意。正是出于对这一点的考虑，谈判的参与者一般都会在最初需求的基础上再加上一些其他方面的条件，这样的话，即使是最后做出一些让步，也无法使自己的最初需求得不到满足。

当我们彼此都感到有过重的压力时，为了相互协作，共同渡过难关，这时彼此都会同意退让一步，以达成协议。这种折中的解决方案最主要的目的是避免谈判陷入僵局，并不能让双方取得真正满意的结果。

我们的需求在一种无奈的情况下打了折扣，这时我们只好对自己说道："半块面包总比没有的好"，或是"给一点，拿一点"，抑或是"一个成功的谈判，就是双方都没有完全满意的谈判"。

我们如果在谈判中有意识地运用"折中法则"，那么最后得到的解决方案也许会同双方最初的需求大相径庭。下面的一些见闻或许能更清晰地说明我的意思：

> 两位在西雅图上学的研究生，决定一起度过寒假。男生想去拉斯维加斯，而女生想去新墨西哥州的陶斯。在这种情况下，他们都是独自地得出自己的结论。

假设我们用陶斯及拉斯维加斯两个城市作为参照，在这两个城市之间再找出一个折中的解决方案，以"折中法则"来决定最后度假的城市，那么他们应该去的地方是亚利桑那州东北部的波利卡，然而波利卡是两人都不愿去的地方。

为了说明情况，我只是随便打个比方。如果这两名学生能够拿出彼此的想法、感觉、经历等各种信息，那么他们或许可以选到一个让两人都满意的地方。

前不久，我刚听到了一个关于折中的有意思的故事。我的朋友告诉我，他家里最近发生了一件事。

星期天晚上吃饭的时候，两个儿子为了分马铃薯而争吵。我的这个朋友为了能让两个儿子停止争吵，没有想太多就单方面做出了决定。因为他的处世态度是"中庸之道"，于是将马铃薯一切为二，以为这是最好的处理方法。殊不知这项"折中方案"并没有使儿子们满意，两人仍然争执不休。

原来大儿子要的是马铃薯皮，而小儿子不要马铃薯皮，两人原本可以各取所需，然而在"折中方案"下，他们都得到了所需的一半，但同时也失去了另一半。

另一个是我自己的故事。

第三部分 | 掌控局面 "竞争"或"双赢"的策略

很小的时候，我与姐姐同住一间卧室。虽然我们俩年纪相差不大，但她总是认为我们之间有很大的差距，而且总是显得比我成熟。

因为我们的兴趣爱好不同，又同住一间卧室，所以经常为了一些鸡毛蒜皮的小事发生冲突。后来连续几个月，我们彼此退让，找到了一个"折中方案"——各人选定时间，分段收听自己喜爱的节目，并且由父母作证以便遵守"方案"。尽管如此，我们之间仍少不了口角。

直到有一天，我们都体会到彼此浪费了许多时间与精力在无谓的争执上，于是我们试图寻找另一种折中方案来解决我们之间的分歧。在充分考虑了我们彼此的兴趣、爱好以及需求之后，我们每人买了一副耳机。

从此以后，无论什么时候我想收听喜欢的节目，都不会吵到我的姐姐。当然了，我姐姐也不会影响到我。问题在我们充分地交换了信息之后得到很好的解决。回忆起来，这件事对我的人生来说，似乎产生了重要的影响。

从以上的三个例子我们可以看出，使用折中策略，有时虽然不能消除彼此的分歧，但却能对避免争执起到一定的作用。

当然了，我并不是说通过折中的方式来完成谈判都是不好的选择。这要根据具体情况而定，折中方式在某些环境里仍然是最好的选择。所以，有时你必须了解事情所处的具体环境以及可能受到的影响，在必要时，你完全可以折中、让步，甚至放弃谈判转身离去。

无论如何，只要你与对方的关系是持续性的，那么你就应该尽力寻求能够使双方的需求都能得到满足的解决方案。只要环境许可，你就应当尽早地表示合作的意愿，以此来在最短的时间内建立互信，从而取得最好的结果。

如同一位成功的围棋大师，他需要知道对手每项谋略，必须敏锐地洞察局势。从第一手至终局，他都可以信心十足地应付每一步棋。不仅如此，他有时甚至会将对手玩弄于股掌之中，要你往东就往东，往西就往西，胜负随心所欲。当然，折中的方式，也在他的考虑范围之内，必要时，也可以退让一些，这就是所谓的"让子争主动"。这是在不得已的情况下预先留出的退路，以免陷入僵局。

一项成功的谈判并不见得必须有一方要失败。真正的成功来自，谈判参与者在任何情况下都能保持恰当的态度，采取一个恰当的策略。

成功的谈判意味着你的需求得到了满足，同时你的信念和价值观没有任何改变。成功的真正意义在于探知对方真正需求的是什么，并且在你的需要得到满足的同时使对方的需求也得到了满足。

使双方都能各得所需并非不可能，因为世上没有两个人的爱好和需求会完全一样。因此每个人都想使自己的需求得到满足，而这些需求就如同我们的指纹一般，各不相同。

可以肯定地说，我们得到的所有东西中，不论是商品、权利

第三部分 | 掌控局面 "竞争"或"双赢"的策略

或是某项服务,都只能是满足我们的部分需求,不可能完全满足我们的需要。如果我们的需求要得到完全满足,那么除了获得物质,整个谈判过程也不能被忽略。这也就是说,我们参与谈判的过程也是一个使我们满足的过程。还记得买古董挂钟的夫妇吗?还有曼哈顿 54 街的奇迹?在这些插曲中,整个谈判的过程,才是决定你满意与否的关键所在。

个人的特性以及对需求的满足无时无刻不在影响着我们。你曾经在机场看过从热带地区度假回来的人吗?在寒冷的冬天,即使是在有空调设备的芝加哥机场,当你看到穿着夏威夷短衫的人,总是禁不住掩口偷笑。我就是这样的人,但是,我还记得我自己也曾披着墨西哥披肩回家。

你知道墨西哥式披肩吗?是用整块布挖个洞做成的毛织毯。下面我将告诉你我是在什么情况下买的这个披肩。自小我就没有对披肩产生过兴趣,想都没想过,小时候如此,长大以后也是这样,即使是在墨西哥时也没有想过我会买个墨西哥式披肩。

谈判进行时

我为什么会买根本不需要的披肩?

7 年前我和妻子在墨西哥度假,我们在街头闲逛,妻子突然用手肘推了推我说:"你瞧,那儿好多人。"

我随声应道:"噢,不,那是卖旅游纪念品的地方,观光客才去,我不买任何纪念品,我只想四处走走,要去你自己去好了,回头我们在旅馆碰面。"

如同往常一般,我的妻子这次仍然不顾我劝告,挥手径自走向人群。我继续在街头闲逛。走着走着,我发现前方有个小贩在沿街叫卖。我发现在如此炎热的天气下,他还套着披肩,不,实际他身上套着一大沓披肩,口里还嚷着:"1 200比索(约380元人民币)。"

"他在对谁喊价啊?"我想,"肯定不是我。他并不知道我是外地的观光客。"

我尽量不理睬他,继续大步前进。"好啦",小贩道,"大减价,1 000比索(约317元人民币),800比索(约254元人民币)好了。"

此时,我才第一次开口对他说话。"朋友,我实在感谢你的好意,也很敬佩你锲而不舍的精神,但是我对你卖的披肩丝毫没有兴趣,请你找别人好吗?"我甚至用墨西哥话问他:"你懂我的意思吗?"

"当然,当然。"他答道。

我转身离去,但是他的脚步声在我耳边响起,好像我俩是被绳子捆在一块儿似的。他一遍又一遍地说道:"800比索。"

为了摆脱他的纠缠,我开始大步向前跑,但是卖披肩的小贩却紧跟着我不放,始终和我保持同步的距离,而此

第三部分 | 掌控局面 "竞争"或"双赢"的策略

时他的要价已经下跌到 600 比索（约 190 元人民币）了。不巧的是遇到了红灯，我们必须在街口停下，而他仍然继续自言自语道："600,600 就好……500（约 159 元人民币），500 比索……好啦，好啦，400 比索（约 127 元人民币）。"

当绿灯亮起，我快速通过马路，希望能摆脱他的纠缠。就在我想回头看一下情况的时候，耳边又听到他拖拉的脚步以及熟悉的叫卖声："先生，先生，400 比索。"

这时我感到浑身燥热、汗流浃背、又累又渴，对他的腔调感到厌烦无比。于是我转身面对着他，咬牙切齿地说道："见鬼，告诉你，我绝对不会买你的披肩，别再跟着我！"

从我的态度及语气来看，他似乎了解了我的意思。

"好吧，算你赢了。"他回答道，"只卖你 200 比索（约 63 元人民币）。"

"你说什么？"我对他大声吼叫，我甚至对我自己的反应也吃了一惊。

"200 比索。"他重复道。

"让我看看你的披肩。"

我为什么要看看披肩？我需要披肩吗？不，我根本就不需要，也不想买，但是或许我会改变主意。

别忘了，卖披肩的小贩是从 1 200 比索的卖价开始的，现在他只要 200 比索。我甚至不知道我做了些什么，就使得价钱跌了 1 000 比索。

当我们继续交涉时，我发现他卖的披肩在墨西哥境内的最低价是175比索（约55元人民币），这是位加拿大人创造的纪录。但是他的双亲出生在瓜达拉哈拉，也算是墨西哥人。我用170比索（约54元人民币）买下了一件披肩，那么可以说我又创造了一个新纪录。

当时天气非常炎热，但是我还是将披肩披在身上，得意扬扬。走进旅馆大厅，我刻意站在镜子面前略微调整了一下披肩的位置，使它看起来更有价值。

回到房间后，太太正躺在床上看杂志。我兴奋地说道："嘿，你看我买了什么？"

"你买了什么？"

"一件美丽的披肩。"

"你花多少钱买的？"她随口问道。

"我慢慢告诉你，"我得意扬扬地说道："一位当地的谈判专家要价1 200比索，但是一位国际谈判专家——和你一起度假的人——只用了170比索就完成了交易。"

她轻蔑地说："嘿，真有意思，我买了件和你相同的披肩，只要150比索（约48元人民币），就挂在柜子里。"

听到妻子这么说，我立刻感到颜面扫地，不是滋味。于是我赶快打开柜子，比较我们俩买的披肩，然后坐在床边，回想到底发生了什么事。

我到底为了什么买下这披肩？我根本不需要它。我所

第三部分 | 掌控局面 "竞争"或"双赢"的策略

碰到的不是当地的小贩，而是熟知世界各地人们心理的专家。这位先生完美的谈判过程完全满足了我的需要，他满足了甚至连我自己都不知道的需要。

当然，我不只是在谈论我买的这件披肩，事实上披肩已经被放在了衣柜的最底层。我的意思是：买披肩的过程让我的心理得到了满足，让我的虚荣心得到了满足。对我而言，披肩并不是披肩，就好像是夏威夷衫，每个从夏威夷度假回来的人都有一件。想想你的"披肩"，你是因为真的想要而买它，还是买它的过程满足了你的需要？

换言之，我想要说的非常简单。你可以得到任何想要的东西，只要你能认清每个人的特性及真正需求。同时，千万记得，只要你的态度和方法得当，那么多数的需要都可以通过努力得到满足。谋求相互的满足才是你正确的目标，而要实现这个目标，你必须和对方建立互信，从而使你们之间的谈判成为合作性的双赢谈判。

第四部分

谈判制胜
用个人影响力驾驭局势

在谈判中你必须找到有更多决定权的人,通过不断提高层次来推进谈判进程,用个人影响力来驾驭局势。这些都是很重要的技巧。

> 每个人都有独立做出决定的权利和自由。
> —— 萨尔瓦多·马达里亚嘉

> He is free who knows how to keep in his own hands the power to decide.
> ——Salvador de Madariaga

第 10 章

在线谈判

线上及电话谈判的秘诀

在现代生活中，电话是联系人与人的一个非常重要的纽带。就以日常生活来说，你使用电话的频率甚至比用刀、叉或是汤匙的频率要高得多。一部电话有惹人喜爱的造型，有平滑的触感。人们能够轻易拿取，随时可以联系别人。这些看起来都于人无损。真是于人无损吗？不！不是的，电话有时候会造成严重的误解（我不知道你是什么意思！），电话有时也被用来作为欺骗别人的工具（你的支票已经寄出）。此外，电话还是一个强有力的经济力量——上百万美元的得失可能就在电话中决定。

电话尤其能够引起人们的注意。当它那持续不断的铃声响起时，人人都会产生一个本能的想法："是谁在找我？"甚至有很多想自杀的人都会因为这种强烈接听电话的愿望，而从悬崖峭壁上退回。

撇开电话的重要性不谈，很少有人会花时间来分析电话在谈判中所发挥的独特作用。现在，我就来对电话在谈判中的作用做一个全面的分析。

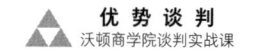

电话谈判:"匆忙"是失败的主因

电话谈判就是借助电话通信进行沟通和协商,寻求达成交易的一种谈判方式。电话谈判不同于面对面的谈判,它是一种远距离不见面的谈判方式,有其独特的优点和缺点。

可能造成更多的误解

由于缺少视觉信息的反馈,电话谈判比面对面的谈判更容易造成误解。在电话中与某人进行谈判时,你无法观察到对方的面部表情以及行为暗示。这对于你来说,要想从对方的声音语调中分析对方的态度、需要及想法着实不易。不仅仅是声音语调会被"误读",甚至是一些根本就不存在的意思也会凭空而出,结果对谈判产生了非常严重的影响。

在电话中更容易拒绝

在电话谈判中,可以很简单、很轻易地说"不"。假设我拨电话给你,我很客气地说:"如果你不介意的话,我很希望你能……"

你简短地回答道:"我现在十分地忙碌。我没办法做,不管怎么说,还是很谢谢你拨电话给我。""卡!"你挂断了电话。就因为我们不是面对面的谈话,这时你拒绝我简直是易如反掌。

但是假如我亲自去找你,你就不能那么容易地甩开我了。我

第四部分 | **谈判制胜** 用个人影响力驾驭局势

走进你的办公室,一边喘着气一边说:"求求你……我走了好长一段路才找到你这里!噢!多么辛苦的旅程!"

站在那儿,我汗流浃背,双目含泪,恳求你的帮助。在那种情况下,你是不太可能拒绝我的。

你会因为让我走了那么远的路来找你而感到歉疚,或者你会担心我的身体及心理状态。于是,你会很自然地愿意解决我的问题而不会问这问那。考虑过这些事后,我敢打赌你将会答应我的请求。

不论是什么时候,当一个想法、提议或是请求,如果要被用来改变现行的某件事,那它必须要有一个人亲自进行口头陈述。文件、信件以及电话可以行之于口头陈述之前或之后,但它们本身并不具有说服力。

这个意思很清楚:如果你是认真地想得到某些你需要的东西,那么你必须自己提出——亲自提出。

提高效率

电话谈判所用的时间肯定比面对面的谈判少很多。这是毋庸置疑的,因为面对面的会谈肯定会导致时间、金钱等因素的投入。

我们假设,你的孩子在学校里发生了问题。如果你拨电话给相关的老师,那么在电话中你们可能最多只会谈5至10分钟。但是,如果你从繁忙的工作中抽出时间亲自去找一趟老师,那么你们之间面对面的会谈可能会延长到30分钟至1小时。

更强的竞争

由于在电话中处理事务比较简单,双方经常会缺少足够的时间来交换彼此的信息和经历,因此也难以进行能满足双方需求的探讨。这个无可否认的事实,加上电话交谈往往给人一种比较正式的感觉,结果造成了一个充满"输—赢"竞争行为的局面。

在电话上,人们会倾向于比较客观地看待问题,他们往往更重视掌握谈判的中心内容。交谈往往不是自发性的,而管理规则和程序才是讨论的重点。其结果是,强势的一方肯定会最终获胜。

从理论上来说,如果你是一个拥有较多优势而不怕竞争的谈判者,那么使用电话来解决纷争将会对你有利。坚持按照这个方式来进行谈判,你就很可能会取得胜利。

既然我知道你的强势,那么很明显地,我会要求与你进行一个直接面对面的会谈。然后你就会见到我,这时你不再是面对一个想象中的我,而是看到一个有血有肉的人。我们见面后,彼此互相寒暄、点头、微笑、摇头,这些行为都会淡化我们之间的敌意。在这种情况下,我们之间的谈判将进行得更自由,同时减少了时间上的压力,也就有一个更好的机会来获得共赢互利的结果。

在做更深入的探讨之前,我简略地提出一个人们普遍感到困难、不好对付的谈判。几乎每个人都知道,电话公司是一个非常难对付的谈判对手。

在收到你每月的电话账单之后,你打电话给电话公司营业处

第四部分 | **谈判制胜**　用个人影响力驾驭局势

询问一笔 72 美元的异常话费情况。账单上明确打印出这笔电话费是你打往马来西亚吉隆坡的。你是一个孤儿，从来都是独自生活，没有什么亲朋好友，也还没有娶妻生子，你甚至在学校念书的时候地理课都没及格过，因此你辩称没有打过这个电话，当然也就不可能缴 72 美元的话费。

在你尝试申诉你的冤屈之前，你会面对一个难以撼动的对象，一个权威势力的代表，他的声音低沉、充满自信，这让你想起道格拉斯·麦克阿瑟将军。经过无数次的电话交谈之后，即使是真正清白无辜的人也会有放弃投降的念头。大致来说，在这种情况下谈判失败的原因就是本章的主题。从本质上来说，你是在跟一个名叫幸运的庄家玩扑克，他发明了这项游戏而且正在打出他的幸运牌。

更大的冒险性

根据它的性质，通过电话进行的谈判一般来说要比面对面的谈判更加简短，更具有竞争性，这种谈判的结果很可能会造成一赢一输的情况。

通过对电话谈判的观察，我们发现有一条原理要记住，不管是什么类型的谈判，匆忙是失败的主要原因。

项纷争，不论是在电话中解决还是通过面对面谈判的方式，过度匆忙会造成其中一方的潜在危机。

在匆匆忙忙处理事情的情况下，谁会受到损失呢？当然是准备不足而又犹疑不决的人。假设有这样一个情况：根据我掌握的资料以及对你的观察，无法确定你的提案是否合理，于是我必须全部依靠你的解释说明来进行谈判。如果你是一个正直、诚实而又性格直爽的人，我将因为信任你的正直而受益；反之，如果你温文尔雅的陈述以及潇洒大方的外貌完全是一种刻意的表演，那么我对你的信任会带来什么后果？如果在你一再的保证之下，却潜伏着一个骗子，那么又会产生什么样的后果？在这种情况下，我肯定会被你欺骗，受到你的羞辱。

因此，如果你的准备工作不是很充分，同时你又不能辨别对方准备的文件的真伪；此外，你在以前也没有同对方进行过任何接触。在这种情况下，最好的办法就是尽可能地拖延时间。你应当跳入一池浑水之中，只有把池水搅得更浑，给它足够的时间澄清后你才能看到池底，也才会知道你将会捞到什么。一般说来，成功往往属于那些富有耐心的谈判者。

如果是偶尔进行一次的交易，而你又不能很快下定决心，这时要将事情进行的速度放慢下来，同时减慢你的脚步。当你不知道该怎么做的时候，最好的做法就是什么都不做。静观其变，这样你才不至于做出错误的决定或者是在对手面前暴露你的弱点。记住，力量不是永远持续不变的，时光的流逝会使谈判各方的力量出现变化。

有些时候，谈判者会有意识地希望谈判进度加快，因为这样做对一方是有利的。假设我准备得比你充分，或者根据我掌握的资料以及对你的观察，我至少能确定这个合约能满足我的要求。这时，

第四部分 | **谈判制胜** 用个人影响力驾驭局势

我并不需要你的解释说明，你的正直与否对我来说也没有太大的影响。显然，在这种情况下，我非常愿意我们的谈判能够很快结束而不至于造成任何不必要的冒险。

处于优势地位的人——发话者

人们会因为各种原因打电话，有时也会因为某种特定的目的打电话。迄今为止，很多有经验的人士仍然认为在谈判的军火库中，电话既可以用来作为进攻性的武器，也可以用来作为防御性的武器。因此，一个经验丰富的谈判者不仅能够有效地使用这一武器，而且还能准确预见使用这种武器后可能产生的后果。

在任何一个电话会谈中，拨电话的人——发话者，往往是处于一个主动而有利的地位。而对于一个在意料之外接听电话的人——受话者来说，则处于一个不利的地位。

首先，假定我们参与了一个冗长而又无聊的谈判。对你来说，谈判达成目标似乎是遥不可及。出乎你的意料，我突然给你打了一个电话，在电话中我提出了一个可以解决我们之间问题的方案。就我来说，我这样做是一时心血来潮还是早有预谋？

事实上，这个电话并不是我一时心血来潮才打给你的。在拨这个电话之前，我已经反复权衡过几种可能的选择：面对面讨论，通过写信或是发电报，通过第三方进行协调，通过电话或者是静观其变。通过科学的推测，在这个特别的时刻我选择了电话，因为它最适宜用来达到我的目标。当然，我已经做好了充分准备。我专门选了一个安静的场所给你打电话,这里没有让我分心的事,我的面前摆好了12支削好的铅笔及6本空白的记事本,我的右边是一台计算器,而我的身后还有一台可以立即供我使用的电脑。此外,我已经想好了在和你谈话的过程中采用的战术、战略以及我们的谈话所要达到的目标。此外,我还预想到可能遇到的阻力以及你可能出现的反应,并且已经想好了应对这些变化的预案。基本上,我已经是"万事俱备,只欠东风"!

现在,我们来看看你所处的困境。接到这个突如其来的电话时你一点准备都没有,你甚至需要在堆满文件的桌子上费力地拿出你的电话。你平时收集的参考资料都不在手边,在需要的时候,你一份也找不到。我们讨论的时候,你会不断地被找你的人打扰分心。当我们谈到复杂而又重要的内容时,你找不到你的秘书,找不到你的档案,甚至连一支笔都找不到。

在这种情况下,你等于是冒着很大的危险和我讨论。因为我所做的准备工作比你充分多了,这时你会自觉或不自觉地受到我的想法和数字的影响,如果我是一个公正、仁慈的好人,那么我不会欺骗你,你会得到一个公正的结果。但如果我是个骗子,那么你一定会吃大亏。

尽管我已经分析了电话谈判的很多问题和缺点,你仍然难以摆脱电话谈判。这里,我并不单指我们在工作中进行的电话谈判。任何人,不管是试图安排一个团体郊游,还是与亲朋好友维系感情,抑或是在电话中与推销员打交道,或是做一个结婚计划,这些人都知道我指的是什么。事实上，筹办婚礼的大小事宜和策划"诺曼底登陆"一样繁杂琐碎。

从一无所知的陌生人到你钟爱的人，你会在电话中与许多不同的人进行讨论。即使谈判的过程并不是都在电话上发生，你也不能忽视电话的作用。

换句话说，不论你是通过电话进行谈判还是和对手面对面地进行交谈，你的前期联系工作和其他初步行动总是离不开电话。既然有这么多机会要用电话，那么你就应该让这个电子设备成为你的一个有效工具，而不要让它成为制约你成功的瓶颈。

告诉对方你已做好了"合约备忘录"

以下是我的一些建议，可以帮助你轻易地达到目的、获得成功。

做一个发话者，别做受话者

在潜在的互相对立的情况下，你要尽可能主动地给对方打电话。如果有人打电话给你，而你还没有准备好，那么你可以用类似的托词，比如："对不起，我有一个重要会议要参加。我现在已经迟到了，什么时间方便，我再给你打过去？"

你瞧，当你说"我现在很忙，暂时没有时间，过会儿再打电话给你！"时，情况发生了根本变化。你不再是一个被动的受话者了，当你准备就绪再打电话过去时，你的角色就是一个发话者了。

计划及准备

在采取行动之前,你必须彻底地审视你最终想取得的结果,并且优选方案,确定通过电话进行谈判是满足你需求的最好方式。你还要明确到底是希望对方作肯定的回答还是否定的回答。我们在前面已经讲过,电话中否定的回答要比肯定的回答容易得到。

有人曾经说过:"如果你没有计划好,那么你就是在计划失败。"既然计划如此重要,那么你就应当时时考虑通过电话谈判你所期待的目标和结果。正如《古兰经》上的训言所说的那样:"如果你不知道你要去向哪里,那么任何道路都能让你到达目的地。"这句话的意思也就是,如果你不知道你要去哪里,那么你永远都不会迷路。换句话说,如果你不知道你要去哪里,即使你已经到了你潜意识中希望到达的地方,你也对此一无所知。

重点是,作为一个发话者,你在采取行动之前必须有周密的计划和充分的准备。只有这样,你才能使自己的需要得到满足。下面是电话谈判中的一些诀窍:

在打电话前准备一份备忘录,上面写出电话谈论的重点。

将谈判的过程和如何应对对方的提问先在脑中演练一番。

在同对手过招的时候,要敏锐地预测对方采取的战术。预知才能制人是屡试不爽的绝招。

打电话时,要把所有相关的资料放在手边。

第四部分 | **谈判制胜** 用个人影响力驾驭局势

虽然你做了充分准备，但在谈判中仍有可能出现闪失或被突然的询问弄得手足无措。当然，承认知识的不足并不是一项耻辱。

集中注意力，避免分心。要全心投入到电话谈判之中，切不可一心二用。

如果在电话谈论中牵涉到资料及数字，要随时准备依据参考材料说话。此外，在你手边还必须有一个计算器。

最后，总结协商的结果并对下一步行动做出计划。

潇洒退出

如果在电话讨论中有对你不利的倾向，那么你要能随时找一个借口挂断电话。如果电话的另一端是一个啰唆的发话者，或者是一个狡猾的骗子，他们不允许你潇洒地退出，那么你可以选择立即挂断电话。请注意，我这样说并不是建议你去挂断别人的电话。在通话中突然挂断电话是非常不礼貌的行为，在社交中难以被人们接受。

那么你如何能既不伤害对方又能轻松地挂断电话呢？很简单，你可以用类似的话语来应对。比如："嘿！接到你的电话我真的很高兴。你知道，我正好也想到你昨天……""卡！"

对方怎么也不会想到是你挂断了电话。他会认为是不是电话公司又来搅局了。

然后呢？对方还会再打电话给你。当他真的打来电话时，如果你是在办公室，你可以出去暂时避开一会儿；如果你是在家里，你可以暂时不接电话（我刚好到车库去拿点东西）。如此一来，你就有时间进行准备，从而避免受到这个突如其来的发话者的摆布。

训练接听电话

有效率地接听电话和我们日常接听电话有很大的不同，它的要求比一般接听高很多。所谓有效率地接听，就是要求你能够明白对方话语中的深层意思。毕竟，"意义不在于字，而在于人"。

显然，你不可能一边说一边完全听懂他话语中的意义。因此你必须对你自己的"听说比例"有一个清楚的认识。有时，你不妨考虑使用一种有意识的沉默或者是停顿。当你不出声的时候，那是一个奇妙的时刻。只要是电话中出现了一段较长时间的沉默，尤其是在长途电话中，对方很可能会为了调节气氛而说出言不由衷的话。因此，他很容易在重复的谈话中泄露有价值的信息。

撰写协议备忘录

大体上，我并不主张动不动就写信、备忘录或者便条。但是经过仔细考虑后，你会发现在我们的现代社会中，备忘录经常发挥非常重要的作用，为越来越多的人重视和使用。

在我看来，大多数书面文件既没有必要又难以理解。除此之外，如果什么事都用笔记下的话，那么将会耗费大量时间，我们大多数人都发现想坚持这样做实属不易。

我们承认书写的确是辛苦甚至是乏味的事情。史蒂芬·里库

第四部分 | **谈判制胜** 用个人影响力驾驭局势

克是一位著名的作家,他曾对写作有过一段精辟的论述:"其实写作并不难。只是坐下来想一想,然后拿着纸和笔,写下发生的事情。写作本身是一件非常容易的事,但是难就难在写什么事。"

从大体上来看,一个流行的原则是尽可能地避免正式的文件来往。众所周知,人总是有必须书写东西的时候。在这些时候,建议你最好记住:你记录在纸上的任何东西,都要写成将来可能要在法庭上宣读的文件一样。

"一般原则"的潜在意义就是有时可能会出现例外情况。自然地,有时也会出现像协议备忘录这样的例外情况,当然,这种文件还是非常有必要的。备忘录是你在解决冲突及纷争之后所起草的经过谈判各方认可的正式文件,它说明了双方的承诺,这也是构成协议的基础。

在你打完了一个重要的电话之后,你应当非常仔细地写出电话中谈话的主要内容以及双方达成的共识。在通话结束之前,你应当告诉对方你对谈话内容已经做了详细记录,并且最好能够征得对方的同意。不光是在电话谈判后需要起草备忘录,在任何重大的面对面谈判之后,你都应该写下一个正式的备忘录。

无数次的经历告诉我们,一个君子协定(口头协定)往往会变化为一个非常不君子的协议。正如山姆·高德温曾经感慨地说:"一个口头协定,其价值还不如写上协定的那张纸。"

合约备忘录有时也被人们称为意愿书或谅解备忘录。不论冠以什么名称,它们的目的都是一样的,都是对谈判的参与各方做出承诺的书面记录。这些正式的文件一般都用非常古老而正式的文体，有些文件甚至写得十分夸张，有时让你觉得作者好像是法庭的书记官，通常它们都是这么写的：

"根据某年某月某日我们的会谈，双方同意下述……"
"根据我们的电话会谈，我们有了一个结论……"
"关于那件事情……"
"知悉我们的电话会谈有关……"

实际上，格式通常并不十分重要。重要的是你是不是这种文件的起草人。为什么你要担起这个重任呢？因为这项工作对你有很大的好处。

那么做个书记员有些什么好处呢？

好处一：你抢占了先机，占据了主动。你可以决定什么时候写备忘录，用什么方式来写，以及何时递送。

好处二：你对这个合约怎样选择措辞有着直接的主动权。如果我们对于合约的内容有任何问题，我们都会去问文件的起草人。文件的起草人往往具有对合约的最终解释权。毕竟，谁会比宪法的作者更懂得如何解释宪法呢？

让我们再把重点由电话处理的方式转到面对面处理的方式。假设我们之间正在进行一场谈判。我是你的谈判对手,我们坐在一张长方形会议桌的两头。谈判的议程日复一日地逐一进行。

我在做笔记吗?没有,像许多大经理一样,我错误地认为我有着非常强的记忆力。你在做笔记吗?你肯定在做笔记。你为什么要做笔记呢?因为这么做可以使你在谈判中拥有更强的力量,从而占据主动地位。

三天之后,在你休息的时候,我用讽刺性的语气问你:"为什么要做那么多的笔记?你又不是法庭的一个书记员,我们已经对最后协议的很多方面都交换了意见。"你笑了笑,耸了耸肩,含含糊糊地说要不是记在纸上,你就无法记住任何事。

第五天,我的记忆力似乎没有想象中的那么强。在另一次的休息中,我把你拉到一旁问道:"告诉我,对于合约上那三条新的附加条款我们是怎么说的?我现在记得不是很清楚,尤其是在星期二我们加了另两条附加条款后,我感觉有可能把这几条附加条款搞混淆。"

当我不耐烦地踢着脚时,你摸着鼻子说:"在这里了……这3条新的附加条款是星期三下午两点讨论的。"

我粗粗地看了一下你潦草的字迹,对一些难以看懂的符号直皱眉头。于是我对你说:"我根本看不懂你写的内容!"

如同战斗机的飞行员在重复讲解战斗任务一般,你回答说:"这些附加条款是这样的。"

我愁容满面地说:"可是我看到的只是乱十八糟的符号!"

你一副纯真面孔,神气地看着我说:"这些符号就代表这些意义!"突然间,我感到有些敬畏你。你现在似乎已经拥有了相当程度的力量,谁能够比亲手写这种乱七八糟符号的人解释得更清楚?

好处三:如果你在谈判一开始就打算写一份合约备忘录,那么在谈判的过程中你肯定会全神贯注地倾听对方的每句话并且不断地进行记录。

好处四:你草草进行的笔记将是后来对正式协议进行修正的依据。你的笔记将最终决定正式合约上的条款。

这里有一个例子。比如说你和我通过电话处理一件事情。你同意让我来写意向书。因为彼此看不见,故无法理解你的姿势和表情所表达的意义,所以我写好备忘录后同时寄了一个副本给你。

两天以后,你打电话给我:"嘿!怎么回事,我收到了你写的东西,但你漏掉了条款A!"

"条款A?"我满脸无辜地回答。

"是的。"你接着说,"记得条款A吗?"

我感到略微有些迷惑:"噢……条款A,我好像想起了一些内容。"

你坚持说:"怎么?你为什么不把它写进去?"

我回答说:"没有想到它对你那么重要。你几乎没怎么提到它。"

你清了清嗓子说道:"我之所以没有提到它,是因为我感觉你似乎已经同意了。"

第四部分 | **谈判制胜** 用个人影响力驾驭局势

我稍微停顿了一下，就好像你在强迫我。你的要求似乎有些过分。然后我说："你真的要我把它写进去吗？"

你回答说："当然了，必须把它写进去。"

我又停了一会儿："这样吧，我们私下还可以达成一个协议，虽然没有把它写上去，我们就当它已经写上去了，好吗？"

听我这么说，你怒气冲冲地说："不行，我就要你把它写进去！"

我为什么要在条款A的问题上让你如此大费周折呢？如果我是一个期待彼此合作的谈判者，那么我怎么可能把条款A漏掉呢？在起草备忘录的时候总是有很强的选择性和主观性，要不然这合约就会像《战争与和平》那么长。但是，假如由我来写合约，那就是一切以对我是否有利作为选择内容的标准，对我重要的条款都写在了合约内，但我却不知道对你来说什么是重要的。记得吗？在谈判中你几乎没有提到条款A。只要你没有特别强调，那么我完全可以不写条款A。

最后，我还是会把条款A写进去。请注意，虽然我做了一些让步，但是我仍然能够得到更大的好处。我们想想，在条款A的问题上你已经大费周折，那么你可能不会注意或者是不愿意再加进条款B了。这一条我也忘记写在草案上。条款B对你来说似乎还比条款A重要，但是你这时已经想不起那么多了。

因此，备忘录的起草者再次占到了便宜。

好处五．因为是麻烦你来起草备忘录，因此对方会对你心存感激。于是，他们不大会在一些小问题上斤斤计较，拖拖拉拉，甚至你的文稿上有些小错误，大多数人都会尽量原谅你而不去吹毛求疵。

在本章的末尾，我要用艾伦·埃森斯塔德的忠告做一个简要的结论。她的老板轻轻拍着她的背并对她的未来做了一个含糊的承诺，她说："口头承诺远不及白纸黑字来得有效。"

> 如果我能直接询问演奏者，那么何必要向门外汉请教？
> —— 阿努因·贝文
>
> Why should I question the monkey when I can question the organ grinder?
> ——Aneurin Bevan

第 11 章

打破惯例

不放弃，不屈服

如果我问你：吱吱响的轮子真的能得到润滑油吗？你该怎么回答？当然能得到，只要它于适当的时间在适当的地点吱吱响。

尽量不与缺少决定权的人谈判

你也许同一个庞大、有些冷酷的官僚机构有过来往，同它们打交道也许给你留下了非常深刻的印象。我建议你……

打电话给距你办公室最近的机构，得到接你电话的官员的全名及职务，将你的困难处境用简单易懂的词句告诉他，以便争取到他对你的认同感，为你们今后的合作打下初步基础。你可以在电话中提出需要帮助的要求，然后取得对方的一个口头承诺和开始解决问题的时间。打过电话后，你要接着寄一封措辞客气的信给与你通话的这位官员，信中必须提醒他你的问题就指望他来解决了。

在行动的最后期限之前，给这位"朋友"打个电话，问问他工作进度有些什么进展。如果这样做还不能有效地刺激对方，就亲自去这个办公室拜访一下，要很礼貌、大方地拜会你这位"朋友"。但是要让办公室的其他人也知道问题仍旧没有解决，通过其他人的协助，让他们感到有义务来帮助你解决问题。

如果你完成我前面所说的步骤后还是没有取得令人满意的结果，那又该怎样做呢？提高到另一个层次。每个机构都有内部的组织制度，平稳地沿着组织的梯子一级一级向上爬，直到你满意为止。和你商谈的人或组织级别越高，就越有可能满足你的要求。

为什么呢？有几个原因。更高阶层的人非常清楚，普遍适用的规则并不意味着能解决任何一个具体的情况。他们更倾向于从宏观上去把握问题，从整体上去解决问题，并且能够预测不当的处理可能造成的纠纷。更有甚者，他们有更多的决定权，从某种意义上说，他们工作的一部分内容就是冒险做出决定。

在任何一个层次上，除非你喜欢浪费时间，否则尽可能不要和缺少决定权的人谈判。如果你考虑要和某个人打交道，首先要弄清楚，这个人是谁？跟他有过联系和来往的人有些什么经验可以借鉴？他在自己所在的组织中担任什么职位？他能做哪种决定？他的决定权到底有多大？

在和他接触之前，你必须弄清楚上面列出的情况，千万不可贸然出手。做了充分的准备工作之后，你就可以很有礼貌但直截了当地向他询问："你能改善这种情况吗？"或者是："你能帮我解决这个问题吗？"，你还可以问："你有权力现在就采取我需要的行

第四部分 | **谈判制胜** 用个人影响力驾驭局势

动吗？"如果答案是：没有，那么再找其他人。谁都不可能有绝对的决定权，所以你也不要去幻想能够找到有绝对决定权的人。你只能寄希望于那些有适当的或者是比较大的决定权的人，尤其是在政府机构中。如果某人与你有了协定,那么他肯定会尽全力去履行。

推高层次，推进谈判进程

当以色列的摩那切姆·比金最后终于同意接受中东和平方案时，他对卡特总统说："我没有权力做出一个明确肯定的国家性的承诺，但是我个人保证如果以色列议会不通过这个合约，我就引咎辞职。"你还能要求什么更多的呢？

这里有5个案例，充分说明了只要你能同更高层次的人物进行谈判，那么你就能如愿以偿。这也就是我们在本章一开始所说的道理——吱吱响的轮子于适当的时间在适当的地点叫出声就能得到润滑油。

我们先看第1个案例。

由于天公不作美，你遇上了非常大的暴风雨，结果你乘坐的航班晚点了好几个小时。抵达目的地后，你在午夜前40分钟才到达宾馆。由于旅途劳累,再加上糟糕的天气,你的样子非常狼狈。身上的西装又潮又皱，两只鞋子全部被打湿。

259

此外，由于过度劳累，你觉得胃很不舒服，甚至觉得有些牙痛。在这种饥寒交迫的情况下，你热切地渴望能马上走进你预订好的房间内，然后在柔软无比的床上倒头就睡。

总台的服务员看了你一眼，然后用平淡、冷酷的声音缓缓地说："是的，你确实已经订了房间，但是我们现在的确没有房间了。可能是预订的房间超出了我们的范围，这种事情偶尔也会发生的。"

你现在该怎么办呢？先把行李放在地毯上然后对自己说，这个时候总台的服务员只不过是一个被动反应、毫无思考能力的机器。他的行为就像是一个按照程序进行的机器人或电脑，他会把宾馆里更高级别职员输入给他的信息原封不动地输出给你。

因为那些更高级别的部门主管或是部门经理跟他说已经没有房间了，所以总台服务员只能像鹦鹉学舌一般，把他们获得的信息转述给你。由于他不知道也没有考虑到宾馆本身可以做出的选择，这时就需要你来帮助他们解决问题。

这时，你赶快想了想其他的选择。宾馆可能会给你一个套房，或者可以在会议室里摆张床。宾馆还可以让你暂时使用一个套房的起居室。或者是宾馆现在可能还会有一两间客房，只不过总台服务员不知道而已，如果你打算明天很早就走的话，可能会给你一间客房。

于是你开口说："这样吧……有没有套房呢？住套房的

第四部分 | 谈判制胜　用个人影响力驾驭局势

人没有多少,看来我只有多花些钱了。如果连套房都没有了,那是不是可以住州长套房?我知道你们有会议室,你们的宣传广告上有介绍,是不是可以在会议室里摆张床呢?"这个服务员马上回答:"哦,这样做肯定不行。我们不能这样做。不如我帮你再找一家宾馆。"

你回答:"我真的不想被你们弄来弄去。我现在很累,马上就想睡觉,而且就要睡在这里。麻烦你,让我跟你们总经理谈谈。"(你知道这么晚总经理是不会在的,但你要让这个服务员知道你的决心。)

听你这么说,服务员感到可能无法说服你,于是他只好拿起一个专线电话筒叽里咕噜地说了些话。很快,夜班经理就出现在了你面前。你知道他是迟早要出来的,这时你又把刚才的几种选择向夜班经理说了一遍。

夜班经理查了一下房间使用情况,皱了皱眉,然后看着你说:"现在还有一间套房。刚刚装修过。只是价钱是单人房间的两倍。"你冷静而坚定地说:"房价绝对不应该有任何变化,因为我在这之前是预订了房间的。"

夜班经理叹口气说道:"价钱就是这样了,你是要还是不要呢?"

你回答说:"我要了……价钱明天再谈。"

第二天早上,当你站在总台前准备结账时,你看到了他们给你打出的账单。当然,比你打算要付的钱多了一倍。

这时你要求见总经理。对这件事，你有把握吗？当然有把握。你知道你已经紧紧握住了方向盘，因为你已经享用过宾馆提供的服务了。(一旦接受过服务，它就不再像交易前那么有价值了。)你告诉总经理，你对宾馆在预订房间上所出的问题表示惊讶和不满。听完他的解释后，你现在再和他谈房间收费的问题。

95%的可能性，总经理会就过多的收费向你表示歉意。他会让你付单人房的价钱。他知道，如果不是由于宾馆的疏忽，绝不会产生房价的问题。此外，他还要考虑宾馆的长远发展问题，如果在这件事上不妥善处理的话，对宾馆今后的发展是不利的。

第2个案例是我亲身经历过的往事。

2年前，我曾经在曼哈顿的一个大宾馆预订了房间。深夜，我乘坐出租车返回宾馆。就在我们快到宾馆的时候，司机说："我们必须在这个路口停车。这条街道已经被封锁了，看起来好像是警察的路障。"

"噢！真倒霉！"我一面发牢骚一面付钱给司机。下车后，我拎着行李，从摩肩接踵的人群中挤了过去。这一大堆人中有警察、摄影记者、看热闹的行人、摄像人员以及报社的记者。

第四部分 | 谈判制胜　用个人影响力驾驭局势

好不容易才走到了宾馆的大门。出于好奇，我问宾馆的门卫："嗨！发生什么事啦？"

他用手指往上指了指，然后说："有个家伙在11楼准备跳楼，就是这么回事。"

"天呐！这可不大好。"一个人从高处摔落到人行道上的情景会让我感觉很不舒服。我侧身穿过了旋转门走到总台前。"我的名字是赫布·科恩。"我说，"赫布·A.科恩。我已经预订了房间。"

总台服务员小声说道："是的，科恩先生，你确实已经预订了房间。但是我们现在已经没有房间了。"

我脸色一变说："你说什么？你们没有房间了？"

"十分抱歉。"服务员说，"我们现在的客房确实已经住满了，你知道有时会出现这种情况的。"

"不，我不知道这种事情！"我立刻顶回去："你必须给我一个房间！"

"我替你查查附近的其他旅馆。"他伸手去拿电话。

"慢着！"我敲了敲服务台，"你们有一个房间！你知道11楼的那个家伙吗？他把外面搞得很热闹，他正要离开啊！"

事情的结果如何呢？那个家伙并没有跳楼。警察抓住了他，并且把他送进了精神病院做检查，而我则住进了他空出的房间。

再告诉你一件我曾经历过的事情。

1978 年冬天，我乘飞机前往墨西哥城，在那儿我要为当地的商业人士做一堂有关谈判的讲座。我在一个非常豪华的宾馆订了房间。但是很不幸，宾馆无法兑现，总台服务员说房间已经全部住满。由于暴风雪的来临，飞往美国中部的大部分班机都被取消。显然，旅客只能在这里过夜。由于语言不通，加上总台服务员没有多大权限，于是我要求见他们的经理。当时，我点了一根雪茄，一只手臂扶在大理石柜台上，然后问经理："如果墨西哥总统现在来了你们怎么办？你会有房间给他吗？"

"是的，先生……"

我脸朝上吐了个烟圈说："这样吧，我看他现在是不会来的，所以让我住他的房间吧。"

我会得到房间吗？当然会得到。不过我必须答应，如果总统来了我就得立刻搬出。

现在谈的是第二个"提高层次"的例子。

你和你的女儿一起逛街，由于几天后她要参加学校举办的舞会，所以你要给她买一件参加舞会时穿的晚礼服。她找到一件十分喜爱的礼服，于是你马上付钱买下了这件礼服。回到家里后，你女儿突然觉得胃特别疼，她得了非常严重的胃病。这时，她含泪用床头的电话给舞伴打了过去，

第四部分 | 谈判制胜　用个人影响力驾驭局势

告诉对方她无法参加舞会了。

"那晚礼服怎么办？"你选择了个很不恰当的时机问她。

"请退回去，"她哭泣着说，"我再也不要看见它，我恨它！"

于是你又来回到了那家服装店，想退了这件晚礼服。

"非常抱歉，"售货员小声说道，"店里规定不能退货。"

"她根本没有穿过这件衣服！"你表示抗议，"你看，连标签都没有动过！"

你瞥了一眼墙上的标语，上面写着"恕不退货"。

"我要跟老板谈一谈。"你说。

"她出去吃午饭了。45分钟内不会回来。"

"我等她。"你低声说，自己在附近找了张椅子坐下。（如果你从某个人那里得不到满意的答复，那么就去找他的上司，这就是提高层次。）

45分钟后，老板回来了。你和她来到了经理办公室。你把事情解释了一下：我刚买了晚礼服，女儿就生病了，没法参加舞会。这件晚礼服根本就没穿过。

"我怎么知道这件衣服没有穿过？"老板说，"这是一些父母经常玩的老把戏。他们只要把标签挂回，然后用湿毛巾尽可能地除去污点，就可以到我们这儿退货了。"

你给她看了看收据上的购买日期。你还建议现在就打电话给你的家庭医生，让他证明舞会的那个晚上女儿生病在家。

"噢！那好吧！"老板终于让步了，"这次算是特例。我会让售货员给你退货。"

你瞧，每一条规定都会有例外。俗话说，没有规矩不成方圆。规定是一般性的，我们大多数情况下还是应该遵守规定，要不然我们这个世界就会乱成一锅粥，就会无法无天。但是规定也有失去效力的时候，这就是我们常说的特例。用什么方法才能去打破惯例呢？我用一个简单的例子来告诉你怎么做。

比如，你现在正在教堂听牧师布道。大堂内非常安静，只有牧师布道的声音。这个教堂有一项规定，就是牧师在布道时任何人不得讲话。如果有人讲话，那么就会冒犯神灵。

突然，你发现墙角下有火光闪动。石膏像后面的电话线起火了，这时你该怎么办呢？如果在任何情况下都不能打破常规，那么你现在有三个选择：

把烟吹向牧师，给他暗示；写张字条——"教堂失火了！"，然后一个人一个人地传到讲坛上；站起来悄悄地离去，因为没有任何规定禁止这种行为。

情况、局势的特殊性决定着你能否合情合理地打破一项规则。如果你不想让一项政策或者规定支配你当时的做法，那你必须有所准备以证实这项规则在当时特殊的情况下无法实施。

现在告诉你第3个"提高层次"的案例。

第四部分 | 谈判制胜　用个人影响力驾驭局势

4月15日零时,你老老实实地寄出了你的联邦报税单。你如实地回答了所有问题,填写了各种数据,没有丝毫做假。2个月后,你收到了税务局寄来的一封信,要求你于下星期四上午10点到税务局报到,有些矛盾的地方需要你当面做出解释。

看了这封信以后,你紧张得连胃都绞起来了。你胡思乱想,一定有什么地方弄错了。

动动你的脑筋。别老是那么情绪化,让你的胃也放松放松。没有人会用警棍打你。事实上,你会受到更多人的尊敬。

你带着相关的材料及各种发票于星期四上午10点准时来到税务局。你告诉接待员你的名字后向他身后瞥了一眼。他身后成排的桌子映入你的眼帘,每张桌子旁都坐着一个人带着一个计算器,一个笔记本和一本税费标准速查手册。他们的表情严肃、庄重而诚恳。如何看待这些工作人员?你要记住4个方面的情况:

他们只不过在从事一项工作……也赚不了多少钱。

和你一样,他们也不喜欢缴税。

轮到他们自己报税时,他们也可能像一般人一样造假作弊。事实上,他们之中也有人要被查账!

他们一般都倾向于"照章行事"。

尽管他们在用电子计算器,但是他们所做的工作仍然具有很强的主观性和评估性。你的解释及评估可能比他们做得还好。如果你不相信我说的话,那么请想一想为人熟知的许多例子。每年，不计其数的税务申报表都会涌向 8 到 10 个查账员，这些查账员都能算出同样的数字吗？不会，他们得出的最后数字肯定会有出入，有时甚至会出现可笑的偏差。这时查账员还没有喊你的名字，于是你又抓紧时间看了一下自己的穿着是否合适。

当你走进税务审查办公室时，你绝不能穿得像个时髦的前卫青年，也不要穿得像个乞丐。当然了，穿得像杂志封面的男模特对你来说也不好。你必须得到同你打交道的人的认同，这样他才会觉得舒适，也就会很亲切地对待你。（这是人们交往中普遍适用的原则，符合心理学原理。精明的律师出庭为了博得陪审团的认同，有时会留着特定的发型，有时则蓬头垢面，还有时候会不修边幅。）

轮到你的时候，一个查账员走出来招呼你。在这个时候，不光是这时，你在同查账员交涉的整个过程中都要保持一种纯粹的"帮助我"的姿态。你做了一个简单的自我介绍，说明你是一个随和、热情、理性的人。你是去和查账员争论的吗？正好相反。你是去辩解的吗？绝不是。你是去同查账员合作的。

查账员说："有 4 件事我要和你说一说：第一，关于你的慈善捐款；第二，你申报的房屋折旧费；第三，由于自己添造房屋造成你的财产增加；第四，你申报的缴纳之后的季税金额。"

第四部分 | **谈判制胜**　用个人影响力驾驭局势

你咽了咽口水,这次和查账员的交涉似乎比你预期的还要困难。但真是那么困难吗?不会的,只要我们这时候能够冷静。

查账员继续说:"我想看一看你的慈善捐款的有关证明材料。"

"没问题。"你回答说,"我这儿有当时开出的发票,就在这个信封里。"

查账员数了数发票,然后用手边的计算器上算了一下。"发票票面金额相加总共只有360美元。但是你一共报了900美元,那么其他的540美元你是怎么报的?"

你回答得又快又诚恳:"我每个星期天都会很虔诚地去教堂做礼拜。每次,我都会向捐款箱中放上10美元钱。"

"一年52次?"查账员说。

你坚定地回答:"从不缺席,那就是500美元了。"

查账员又问:"那么其余的40美元呢?"

你立即回答说:"那是给女童军的捐款和少年棒球队的招募基金等,总共加起来我或许应该申报60美元。"

"嗯!"查账员说,"这真是难以置信。没有人会那么大方!"

你耸耸肩说:"我就是。"

查账员说:"这540美元,我打算暂时先打个问号。"

请注意目前的情况。查账员无法证明你是不是在每个星期天去教堂做礼拜,当然也不可能知道你是不是每次做礼拜时都向捐款箱中放了10美元。他也无法弄清楚你是不是真的关心年轻的一代。这些都是单纯的主观判断上的问题，带有强烈的主观色彩，如果有的查账员对你的认同感强，那么他会马上信任你。还有一点值得注意，那就是查账员无法将你逼入死角，你总是可以向他的上级反映。

交涉继续进行。查账员说你房子的折旧率应该按20年来分摊。你并不同意他的说法，于是你和颜悦色地拒绝了他，并且告诉他根据你掌握的资料，应该按8年来计算。税务局没有任何证据来反对你的提议，查账员所能做的一切也只是在你的这项报税表中打上问号，以便将来的某个时候进行审核。查账员指着申报表继续说道："在第4页，你说你曾用了2 000美元来扩建房子。"

"不，你弄错了。"你平静地答道，"不是扩建。我这房子极需整修，你可以看得到，这房子几乎随时都有垮掉的危险，如果我不花2 000美元来整修一下，那么你现在看到的肯定是一片废墟。"

查账员的笑容非常奇怪，就像煤气中毒后那种痛苦的表情。这时，即使是写实主义者也会感到很滑稽。当然，他不会删除你的这项申报，只是又在旁边画上一个问号。现在你又在金字塔的底部多加了一层稳固的基础。

这时查账员继续他对你的质疑。你在税表中申报上一个季度的预扣款项是1 400美元，而根据你的资料显示，

第四部分 | **谈判制胜** 用个人影响力驾驭局势

你实际上只缴了 900 美元。真凭实据之下，税务局的确在此处把你逼入了死角。当然了，你没有别的选择，必须补足这 500 美元的差额。

如果查账员不同意你前面说的一大堆理由：关于慈善捐款、房屋的折旧率、整修费用，这时你又怎么办？

答案很简单。如果你的确没有做什么手脚，也就是说你诚实而且自信，那么你就去找上一级申辩。你可以和税务局的审核员预约，如果在审核之中仍不能使你满意，那你还可以再找更高一级的税务人员申辩。如果和这一级的税务人员讨论还不能使你满意，那么你可以申请法院判决。换言之，即使是很小的数目，只要你觉得这是你应得的，那么就去努力地争取它。这时宪法赋予你的权利，你当然应当履行权利，同时你还必须要有勇气。

在与税务局交涉的事件上我再给你最后一个建议：如果所有的查账员和审核员对你申报的内容都持反对意见，那么你千万要保持耐心，慢慢地拖下去。告诉你对面的人，你需要很长、很长的时间来整理资料，重新计算。记着，谈判中的一个重要手段是利用时间，并且学着有耐性，因为拖的时间越长，你能省下的钱就越多。

税务局当然是希望你的案子越早结束越好。案子拖得越久，他们相对花费的人力、物力及财力也就越多。他们也知道无论你准备多长时间，交出来的报表仍然是一塌糊涂。所以，你应当继续说：

"看，我敢肯定我是对的。也许我们可以折中一下。"最后，即使税务局知道他们是对的，也愿意以交涉的方式解决这个问题。你越是与级别更高的人员交谈，就越能发现其中不同的弹性限制。

这儿还有一个关于"提高层次"的例子。

你和朋友决定在暑假期间租用一栋乡间别墅，每个周末可以去轻松一下。别墅坐落在距城100公里的地方。第一个周末当你们到达别墅时，你发现需要整修的地方实在多得难以计数。门既锁不紧又不好打开、水管不通、保险丝需要更换、厨房更是一片狼藉，连下脚的地方都找不到。好在你知道如何修理这些东西，但不幸的是你手边没有合适的工具，口袋里的现金也不多。

同伴留在屋里打扫卫生。你在最近的小镇上找到了一家五金商店。你在里面待了半个多小时，最后终于找齐了需要的工具及配件。结账时收银机打出了你要付的数目——84美元。

"84美元。"你喊道，"这么贵，我必须开支票了。"

"对不起！"店员说道，"我们店里不收支票。"

我们先停下来想一想。这家店为什么不收支票？以往是收的，只是老板发现有3%的支票老是有问题，在不堪损失的情况下，他修改了店里的规定——不收支票，必须用现金交易。

但是你不这样想，你继续抗议道："你必须接受我的

第四部分 | 谈判制胜　用个人影响力驾驭局势

支票,不然我无法搬进我好不容易才租下的房子。"

"对不起!"店员回答道,"我们店里有规定。"

"是谁规定的?"你问。

"是老板。"

"我要跟他谈话。"

"怎么回事?"老板出现了。

"我需要这些工具和配件。"你回答道,"但店员却说你们不收支票。"

老板看了看我买的东西,"一共多少钱?"

"84美元!"你回答道。

"你没有现金吗?"他问。

"没有,但是我的信用是一流的,我的储蓄消费业务都是由城里的银行负责的。"

我们再停下来想一想。你现在是不是处于谈判的有利地位?形势对你来说非常有利。因为你已经在这家店里耽误了这么长的时间,接受了店里给你提供的很多服务,这时应该说是你同老板谈判的最佳时机。84美元的售价对老板来说绝对是有利可图,再看看堆积在柜台上的一大堆货品,他如果拒绝接受你的支票,那么不但会失去这次交易,还得费神地把这些工具和配件都放回原处,多麻烦啊!

他会接受支票吗?会的。如果你有身份证明,并且告诉他你上班的地点、电话以及和你有业务往来的银行的电话,那么他肯定会接受。记着,在很多情况下,只要你多费些口舌,对方就会改变态度。为了成功地完成交涉任务,你在一筹莫展的时候一定要设法和更高层次的人打交道。要知道,制定规则的人往往都有更改规则的权力,关键问题是你首先要和制定规则的人见面,然后想方设法让他了解你的情况,你只要成功地同制定规则的人建立联系,那么你肯定会有意外的收获。

我再举最后一个有关"提高层次"的例子。

假设你的小儿子现在正在上初一,对于他来说,数学是一件令他非常苦恼的事。那么是不是因为他不是很聪明?他简直是个英语天才。但是他对数学这些理科方面的学科却是一窍不通。

为什么这样?因为他的数学老师曾经因为他偶尔不听话在全班同学的面前严厉地批评甚至是羞辱了他,这对他幼小的心灵产生了极强的震撼,一种对数学的逆反心理油然而生。从此以后,只要一看到数字他就发怵。这简直太糟糕了。更糟糕的是,如果他的老师不给你小儿子一个"吝啬的"认可的话,你儿子就不可能升上初二。这样的话,他的心灵又会受到一次巨大的伤害。

那么你如何去和老师谈判,让你儿子顺利升入初二呢?显然,我认为你的这次谈判结果必须使参与各方都能接受。你必须在学

第四部分 | **谈判制胜**　用个人影响力驾驭局势

校做出学生留级决定之前见到你儿子的数学老师。

你首先要和你儿子进行沟通,在这件事上你们俩必须建立一种互信关系,你要相信儿子,相信儿子的能力。

你必须亲自去找儿子的数学老师。千万不要试图通过电话去解决问题。我们前面不是已经讲过吗?在电话中你得到的结果很可能是被拒绝。

见到老师后,你应该显得非常激动。要尽快取得老师对你以及你的需要的认同。你一定要表现出热切地希望得到老师的帮助,而且要从孩子的成长角度来说明升级的重要性。但是如果你发现这个老师似乎不大可能同意你的意见,那么就去找学校更高级别的领导,比如年级主任或者是教务长等。记着,沿着梯子平稳地向上爬,如果需要的话,你甚至可以去找学校的校长。

通常来说,学校的校长将会比数学老师更容易理解你的处境和想法。为什么?因为校长和数学老师看问题的出发点不同。在校长的眼中,学生的家长不只是孩子们的监护人,他们还是学校的支持者,尤其是他们会不断地给学校交钱。而数学老师会想到这些吗?

只要是在相当规模的机构或者是组织中,你总是可以向一些人或者组织寻求帮助。商业局、工商管理局、消费者协会等都属于相当规模的机构。而商业代表,甚至是报纸、电视、立法人员,都可以成为你倾诉的对象。当你遇到事情一筹莫展时,别忘了和更高层次的人员交涉,也许你的问题会迎刃而解。最后,我想用哈伯特·哈姆弗雷的一句名言结束本章——"绝不放弃,绝不屈服"。

> 彰显力量并不需要诉诸暴力，说服别人也不可能依靠沉默。
> —— 芭芭拉·戴明
>
> To resort to power one need not be violent,
> and to speak to conscienceone need not be meek.
> ——Barbara Deming

第 12 章

获得认同

提升个人影响力

人生充满挑战和竞争，即使是经验丰富的专家，也得时时刻刻不断充电以求跟上时代的步伐。社会中的各种组织或者团体不断地发展、壮大。社会的进步带给人们的结果是，一部分人对这个世界感到越来越陌生。那些不思进取、安于现状、故步自封的人终将被社会淘汰。

随着社会的发展，人的意义也产生了变化。人们有时就像蚁丘上盲目爬来爬去的蚂蚁，有时又像是人口统计中毫无意义的一个抽象符号，整个生命显得毫无生机，人性也在社会的不断发展中逐渐缺失。

可喜的是，事情并不都是永远充满着悲观。你的回忆中也有甜美的一面，即使在繁忙的大都市中，当你经过邻家小店时，老板会亲切地喊着你的名字向你说声早安。也许小店老板对你的热情只不过是维系生意的一种方式，似乎和现代商业的动作规则不大符合，但是他的这种做法在某些方面而言，却更能使顾客满意。

第四部分 | **谈判制胜**　用个人影响力驾驭局势

当然我并不是在鼓吹维持现状，更没有鼓励你回到过去的意思。我只是建议你在有效的谈判中，别让对方把你当作商业的产物，比如把你看作统计数字、一件商品或是一部机器。

如果你非常自然地表现自己，也就是说你展现在别人面前的是一个普通的人，那么你或许更容易获得你想要的东西。我们之中有多少人见过与我们完全不同的人类？多数的人都知道自己的利益与他人的利益紧密相连，息息相关。如果我的邻居遭遇不幸，那么我也会感到难过。

按道理说，我们都知道人类是群居性动物，然而在日常生活的压力之下，我们似乎忘记了社会中人与人之间的联系与纽带，忘记了人们之间充满了关怀与同情。因此，你是不是把自己定位为一个有血有肉有感情的人完全由你决定，只有这样，你才能不被别人看成是抽象的符号。没有人会认同一大堆抽象的符号，但是几乎所有的人都会对有血有肉的同类产生认同。

美国独立战争的领导人之一——塞缪尔·亚当斯对这一事实曾经有过非常精辟的论述。虽然亚当斯的话冷酷无情，但是道理是正确的。为了能够很好地驾驭局势，人们必须获得大多数人的认同。

怎样准确地展现自己、驾驭局势？

第二次世界大战结束之后，从伤亡的统计数字中，我们看到了人类残酷的一面。我们无法看透纳粹分子邪恶的本质，更无法理解为什么他们还有数以百万计的共犯支持他们，共同犯下难以弥补的滔天罪行。

没有任何一种描述能够比一位犹太少女的经历更能揭露纳粹分子的暴行。在躲避纳粹分子迫害的过程中，她对自己的经历、亲身体验以及心中的感受做了生动的记录。在她的字里行间，处处流露出天真无邪、乐观豁达和细心仁慈，处处流露着真情实感。这位女孩名叫安妮·弗兰克，她所做的记录就是著名的《安妮日记》，1947年出版，不久后又被拍成电影，整个世界都为之轰动。

因此，当一个谈判者想要将影响力发挥到极点，不论谈判的对手是谁，必须准确的展现自己、驾驭所处的环境和局势。

你怎样展现自己呢？你必须让谈判的参与者感到你是一个有血有肉的人，一个有思想、有感情、有需要的普通人，也就是说你要尽量地表现出和他们一样。只有这样，你才能得到他们的认同。

那么你又如何才能驾驭所处的环境和局势呢？答案很简单。试着别以大机构或大公司的姿态出现，以你自己的面貌出现，你只是代表某个团体在交涉，而你并不是就等于那个团体。

我现在来举例说明。只有少数人会维持对贫困机构的承诺。这些财政不佳，管理不善的机构，处处透露着危机，人们避之唯恐不及，谁都不愿意去惹麻烦。

反过来说，大机构、大企业也不会对贫困的人随意施舍。比较之下，这些企业、机构显得更是冷酷无情。这也是为什么IBM、康氏电力公司、通用电器公司、马贝尔公司、美国国税局以及其

第四部分 | 谈判制胜　用个人影响力驾驭局势

他许多大企业、大机构饱受舆论攻击的原因。这就是代表大企业、大公司进行谈判的人盛气凌人的原因。也就是为什么下面的词句常常从这些代表的口中冒出：

"作为本森赫斯特商业联合会的代表，我希望你能……"

"为了美国童军协会的利益，我们要求你……"

"密苏里州路德教会教堂大会要求你……"

"出于对偿付能力的考虑，美国妇女联合会要求你兑现承诺。"

所以当你作为大机构或是大企业的代表，要求对方做出承诺时，你该如何着手？你可以通过展现自己获得对方的认同，使对方针对你个人做出承诺。

当你代表某个公司时，有时对方会因为对你所代表的机构反感，因而对你处处刁难，这时候你该怎么办？下面的对话也许可以供你参考：

"我碰巧为这个公司服务……但是你不是已经同意了我的提议？我只有指望你了。你不会让我为难的，是不是？"

当对方问道："你现在是以你自己的立场在说话吗？"

你马上回答："当然！"

换句话说，你要极力抬高对方的身价，恭维、赞扬对方可以调动对方的情绪，从而使他们对你做出承诺。或许你可以这样说："如果你帮我这个忙，我将感激不尽。"

在这种情况下，别人是很难拒绝的。类似的话语以个人的立场说出，可以有更大的影响力。

优 势 谈 判
沃顿商学院谈判实战课

交涉时让人知道你的情感和需要

这儿又引发了下一个问题：你如何在一些谈判中以个人的立场进行交涉？我们也用一些例子来解释。

第一个例子：

假设你在限速 35 公里的区域，以每小时 45 公里的速度行驶，而躲在一旁的警车用雷达测速器测出你已经超速。当警车闪着红灯指示你停车时，你一边往路边停靠一边因为受到阻拦而低声咒骂。一位警察走出警车向你走来，手中拿着罚单，戴着深色的太阳镜。你根本猜不透他的反应，一阵绝望顿时涌上心头。看来你必须接受处罚，没有任何有效的方法能够让你逃过这张罚单，但是你还是可以通过一些方法来降低收到这张罚单的可能性。

第一步，镇定地走出车外，完全服从他的指示。就像是说："我任你处置了。"千万别坐在窗户紧闭的车子里。如果你坐在车里不出来，警察会判断你可能是一个毒贩或者是拿着手枪的通缉犯。有很多警察都是在类似的情况下被歹徒袭击，不治身亡。实际上，你现在应当设身处地为警察想一想，想一想他们的需求和利害关系，就像是你的需求与利害关系一样。

第四部分 | **谈判制胜**　用个人影响力驾驭局势

在你掏驾照的时候，也正是试图扭转局面的时候。这时，你要试着做以下三点：

把他的注意力从罚单上转移开。
让他以个人的立场来看你违规的事实。
别让他的笔接触到罚单，至少要尽量拖延时间。

你一开口就说："太好了，遇到你真好。警察先生，我迷路了，一直在这附近打转！你知不知道某某街怎么走？"

他也许根本不会理睬你的问题，而且会很快打断你并说道："你知道你超速了吗？"

你现在再转回原来的话题："是啊！但是我迷路了，我不知道我现在是在那里。"

这时，警察肯定会告诉你所处的位置并且指引你如何继续向前走。当他这样做时，你接着问他问题，一个接一个，任何事情都可以问，只要能让他不去翻罚单簿。在警察用了5分钟时间回答了你的问题之后，你必须表示对他无限的感激。不过他可能还是回到主题上去，你的交通违规问题。

在这时，试着让警察觉得你的话题非常严肃而体贴。你可以谈警察工作的艰辛以及面对的危险，描述自己是个守法的公民和一个普通的职员，你有时也会被困难所困。当他又返回到你超速的话题时，你可以说："老天，真对不起，我没有注意到，当时我不知道在想些什么……"这时，你可以向他说一些你的困难，表示对警察的信任：你有一个专制的老板，你的妻子卧病在床，你要照顾年迈的双亲，你甚至连房租都交不起，你还可以说孩子们令你失望。

告诉他所有可能让他开不出罚单的事情。如果你从来都没有被开过罚单，那么就对警察说："这是我开车12年来的第1张罚单。这张罚单让我感到非常沮丧，真的很不光彩。"这时，我想警察可能要多考虑一下了，因为一般来说，警察大多不愿意开出人们收到的第1张罚单。

你的借口可能五花八门，但是最好能和别人的借口区别开来。警察从不同人的口中，几乎听遍了所有的借口。如果你的借口与众不同又能引起他的兴趣，这不但能够满足他的需要，还可以当作聊天的话题。要知道，在日复一日、年复一年，单调枯燥的工作之中，新鲜的话题往往可以松弛他们紧张的情绪。

说到与众不同的借口，我曾经听到一位在联邦调查局授课的警官所说的故事：一位警察正准备对一位在单行道上逆向行车的驾驶员开罚单，违规的驾驶员突然说道："警察先生，会不会是单行道的箭头贴反了方向？"

讲故事的人告诉我这确实是真人真事。那位驾驶员竟然躲过了处罚，也许是警察在这个驾驶员超乎寻常的创造力面前折服了。

不论你怎么做，就是不要坐在车里，也绝对不要说出诸如此类的话："开吧！不就是一张罚单嘛。就算告到最高法院，我也要和你一路争到底。""告诉你，我有的是钱！""雷达也可能不准。你知道，

第四部分 | **谈判制胜**　用个人影响力驾驭局势

以科学的眼光来看，所有的东西都会有误差"。

在这种情况下，女士会比男士更有影响力。据统计数字显示，在超速驾驶被拦截之后，男士收到罚单的比例比女士高25%。

多数的女士在停车之后，会很自然地运用我所说的各种技巧。她们走出车外，和善地与警察招呼，把警察当作自己朋友与之交谈。我保证女士比男士收到罚单的百分比低,因为她们碰到的都是"他"而不是"她"。事实上，即使遇上的是"她"，女士也比较容易使事情"个人化"。

我们来看第二个例子。

你在6个月前就想从圣何塞搬到旧金山，由于房租太高,你一直无法找到合适的房子。在无数天的苦苦寻觅之中，你找到了一套房子特别符合你的要求。但是在你之前已经有30位房客排队，他们对这套房子都很中意。你现在希望从名单中的第31名变成第1名，那么你怎样才能完成这件看起来似乎不太可能的事？

直接找房东面谈，一定要避开中介公司或者是大楼的管理员。房东才是做最后决定的人。带着全家大小一块去，事先指导小孩的行为，穿着合适，礼貌大方。记住,没有哪个房东喜欢行为怪异的房客。

重点是要表现得合情、合理、稳重，这样才能为房东所喜爱。需要注意的是，房东不仅是在出租房子，同时也是在选一家在签约期内能够和睦相处的邻居。基于以往的经验，房客的重要性甚至会影响到房东自己的生活。尽可能地去了解房东以及他们一家的生活。同时，一定要想方设法让他摆脱房东的身份，以"个人"的立场来看你，与你进行交涉。

客气地要求他带着你看看房子。如果他说："非常抱歉，你前面还有 30 个人在排队。"千万别被他这样的话难倒，告诉他你是远道而来，事实上也确实如此。对他说："我知道我的机会非常渺茫。但是，可不可以让我们看一眼，也好让我们知道房子是什么样子？"

即使你无法看到房子，或许这时还有别人居住，也要试着问房东能不能带着你看看相同格局的房子。在整个过程中，你必须表现出诚恳、热情、随和，要运用各种策略包括耐心，获得对方的认同。

从此以后，只要你经过附近，就去拜访他。即使他告诉你没有什么机会，也不要与他失去联系。

在房东与你交往了一段时间之后，你们彼此都投入了许多时间。你应该向他说一些你的具体情况，让他给你些建议。向他详细介绍你上班的公司、职位、工作时间以及你的兴趣爱好，等等，你要不断地向他介绍你和你家庭的情况，让他非常清楚地了解你和你的家庭，彻底消除对你们的陌生感。

房东基于对你的情况有了比较深入的了解，在有空房出租时会出现什么情况？当然他会看看等待租房的名单，不过他只会看名单上的第一个名字。你瞧，名单上的名字对他来说只是一个个抽象记号，除此之外没有任何意义。他现在的选择是将房子租给

第四部分 | **谈判制胜** 用个人影响力驾驭局势

一个一无所知的房客还是把房子租给你——一位他已"熟识"的房客?

你所能获得的是从排名第 31 位一下子跳到第 1 位。你租到房子是因为房东在你身上投下了大量的时间,而且对你的陌生感已经完全消除。你已经完成了"公事个人化"的过程。当然,这只有在房东有绝对的权力下才能奏效,否则你必须使用别的谈判技巧。

我们看一下第三个例子。

> 我上高中的二儿子斯蒂文,准备在暑假期间以搭便车的方式横越美国。他是这样说的:"这将是个非常美妙的经历,我不需要太多的钱,也不用带很多衣物。"
>
> 不用说,作为家长的我们坚决反对他这个主意,试着用各种方式来说服他,告诉他路上可能遇到的各种危险,这样的旅途充满的不确定性。但是不管我们怎样说,他还是固执己见,最后我们只好由他了。
>
> 不过我们还是想最后劝一下他,于是我们说:"好吧,你去吧,但是不会有人让你搭车。"我们之所以这样说,是想让他回心转意,但是事实说明我们的这些好意都是徒劳的。
>
> 让我们感到惊奇的是,斯蒂文也想到了他可能会遇到的问题。于是他到加油站买了一个汽油桶,清洗干净后,似乎是想把这个汽油桶改装成手提箱,但谁知道他到底想干什么?一个月后,斯蒂文踏上旅程。看来他的这次横跨

旅行不是一时冲动，而是早有预谋。

当他安全归来之后，第一件事就是谈到他是多么容易就搭到便车。斯蒂文对他搭乘第一辆车时的情景津津乐道。他对我们说，搭上便车后，车主边开车边问他："为了加点油，你一定走了很长一段路了吧。"儿子回答道："你是说我拎的汽油桶？我没有车子，我手上只是拎着手提箱。你不觉得拎着这样的手提箱比较容易搭到便车吗？"

他这样回答，通常都会引起司机一连串的笑声。他们的关系一下子就会拉得很近，一会儿工夫他们就聊得火热。虽然儿子的这次旅程非常辛苦，但是他却感到整个过程其乐融融。由于他手里一直拎着汽油桶，结果在不经意间使他同一般的搭车人划清了界限。每当开着车的司机从他身旁经过时，都会把他当成是同行，当然会乐意让他搭车了。

下面我们再看看第四个例子。

现代生活的一个重要发明就是电子计算机，虽然它给人们的生活带来了极大的方便，大大提高了人们的生活质量，但与此同时，它也使人们越来越像抽象符号。

你是不是曾收到过经电脑处理过的信件、账单或是文件等。如果你收到过，那么你就会感到和一个机器进行交涉是多么的困难。对，你不但能说而且能写，但是你的对

第四部分 | **谈判制胜**　用个人影响力驾驭局势

手却以不变应万变，它只不过是按照设计好的程序运行，在你面前，它简直是又聋又哑。

那么你怎么对付这种高智商的机器呢？

首先，我们先来看一看如何对付长方形的机读卡片。我们现在有一张机读卡，上面写着："请勿折叠、撕扯、损害本卡。"假如机读卡出了什么问题而无法正常使用的话，我可以教你一个简单的对付方法。你可以拿剪刀或圆珠笔在卡片上戳几个小孔，这样，这张卡就彻底损坏了，然后你可以在卡片上写上你想投诉的话，把它寄回发卡机关。

当你的这张奇特的卡片被发卡机关的管理人员放在机器中时，计算机肯定无法读取卡里的数据，因为你已经在上面做了手脚。此时，管理人员不得不对你的投诉做出相应的解决。

我们再来看一看如何对付一个从网络中传来的错误信件或是义件。在这种情况下，你必须通知网络服务商并责成他们来处理你的邮件记录。在许多情况下，你希望的改变将会实现。假如下个月又出现了同样的错误时该怎么办？如果真的遇到这种情况，那么你就按你的意图制作一份"个性化的邮件"，并且把这个邮件发送到与你交涉的业务员或者是他的上司手中。这些人的名字你可以很容易地从他们的秘书或者是电话簿中查到。

这两种方法的核心都是尽量同那些控制机器的人建立联系，因为他们同你一样也是有血有肉的，他们也有感情，有需要。

下面我们再来看看第五个例子。

这个例子是我女儿莎伦亲身经历的。

由于她们学校组织了一次交流体验生活的活动，因此莎伦在法国住了一个夏天。她寄宿的人家有一个小农场，农场里到处都种着甜瓜。

他们经常会接到要求买瓜的电话，但是这样的请求每次都被这家人拒绝。

一天，有个大约 12 岁的男孩亲自找上门来要求买瓜，当然他也得了同样的答案。但是小男孩并没有放弃，而是耐心地等待。最后男主人实在是拗不过这个小男孩于是对着他说："好吧，那里有个大甜瓜，算你一法郎（约合 6.96 元人民币）好了。"

但是小男孩恳求道："可是我只有 10 生丁(1% 法郎)！"

"哦，你只有这么点儿钱？"他边说边瞧着莎伦，带着开玩笑的口吻说道："就卖给你那个小小的青甜瓜吧！"

"好，我买了。"小孩说道，"但是你先别把它摘下来，我哥哥会在两星期后来拿，我只负责采购，运货的事由我哥哥负责。"

我们再来看一看第六个例子。

比如说你现在住在一个公寓楼里，这栋楼所在地段非

第四部分 | 谈判制胜　用个人影响力驾驭局势

常好。这时正好是一月中旬,你的房子里很冷,连你的猫也在打哆嗦。

你会去抱怨这栋楼物业的管理人员、总经理或者是开发商吗?或许你已经找过他们了,但是却没有任何结果。到这时你必须意识到可能是你找他们时非常激动,脾气不好甚至是出言不逊。你什么时候都不要去抱怨,但是必须让别人明白你的需要。如果你一时冲动,非常生气地去找他们,那么情况马上就会由他们的服务不周变成你的态度不好。

在这个例子中,最重要的是你必须查清楚是不是楼里的人遇到了和你同样的情况。这是不是物业方面为了减少成本而在供暖上有所节省。如果真的是这样,那么所有的房客肯定会联合起来。实际上,你这样做等于是利用了认同的力量。

我们把这个问题再想得困难一些。原来只有你们一家的供暖出现问题,而且你已经试过几乎所有的方法,比如你给物业方面打电话、写信,或者是找政府的有关部门反映情况,你甚至还去当地的广播电台反映,但是在你做出这些努力之后,仍然没有任何动静。

看来现在的形势很严峻。你几乎已经试遍了所有的方法。在你采取新的行动之前,一定要先搞清楚谁应当为你的事负责?

现在你的任务就是查清楚这个人到底住哪里,然后你必须亲自登门拜访。在一个星期天,你忽然到他的家中造访,这时他的妻子和孩子们都在。千万不要一见到他就开始埋怨,因为在家人面前,你这样做会使他颜面扫地。你可以这样说:"看,我现在的情况很糟。我想你可能还不知道。我的孩子生病了,而我的房子里的温度只有16.6度。你觉得我现在遇到了什么问题?是不是供暖管道出了问题?我该怎么办呢?我知道你一定能帮我!"

我相信,只要你这样处理的话,他很快就会重视你的问题。不仅如此,他不再只把你看成203房间的房客,而且把你看成了一个具有各方面需要的人。

当然了,谈判的具体情况千差万别,不可能有针对一切谈判的灵丹妙药。在特定的时间、特定的地点进行的谈判,当然有着特定的内容。虽然谈判不尽相同,但是它们之中还是有一些相对来说比较普遍的东西。

一定要记住这些普遍的规则:

人们如果不从自己的"个人立场"出发去谈判,那么在谈判中就有欺骗对方的倾向。

千万不要使你成为一个没血没肉的统计符号。一定要让别人知道你的感情和需要,要尽量避免让别人说:"463号说他遇到了些问题?谁去管那么多事?"

优势谈判:改变自己和他人生活的力量

尽管我们现在已经对谈判做了一个比较详尽的介绍,但是这

第四部分 | **谈判制胜**　用个人影响力驾驭局势

并不能说明我们就一定能够成为谈判高手。请记住：任何有效的技巧如果发挥到极致就不再有效，反而就会变得荒唐可笑。所以不要把所有的希望都寄托在这些技巧上，你应该学会用一种适可而止的方式运用这些技巧。

可以说，对"个人立场"的影响力使用得最好的人该算是芝加哥市历任最久的市长——理查德·戴利。我用同时期的纽约市长约翰·林赛和他做一个对比。

在我的印象中，约翰·林赛是纽约市历任市长里最英俊的一位。他高瘦的身材，清秀的面孔，如果在演艺界中发展，一定大有前途。他也是纽约历任市长中个头最高的一位，不大爱说话，穿着得体大方，无懈可击。他演讲时，字字富于雄辩，句句动人心弦。约翰·林赛似乎就是完美的化身。

但林赛市长对于他的职位来说是否称职？那倒不一定。为什么？因为任何事对他而言，都过于公事化，没有丝毫个人的情感。他谈判时的身份，永远代表纽约市。他总是喜欢说这样的话："整个纽约市希望你实现你的承诺。"你认为劳工界领导人的迈克尔·奎尔会吃他那一套吗？（迈克尔·奎尔的信条是"装傻就能胜利"）。谈判时总是不疾不徐，有时总是故意拼错林赛市长的名字。

与林赛形成鲜明对比的是芝加哥市长戴利。他个头矮小，其貌不扬。人们戏称，只有在他减肥之后，才可以获得"胖子"的称呼。他穿的西装，在30年前就不流行了。他在面对民众演讲时，总是带着市井俚语，与市民打成一片。　天，他参加了一所小学校舍落成的剪彩典礼，题词时他写道："这儿就是奠定你一生学识、知识的殿堂。"此后，他对来宾说道："童年的朋友，足以影响你的一生。"他还曾对商业界的高级主管建议道："今天我们面临的真正问题，是如何应付未来。"

1968年民主党全国会议举行时，警察中出现了骚乱。戴利对这次骚乱的报道进行了反驳，他说："暴动的警察并不是在制造混乱局面，他们只是在延续混乱的局面。"

当各大报纸一字不漏地刊登了戴利的讲话后，戴利的新闻秘书鄂尔·布什对传播界提出了批评。

他召集新闻记者说："这些报道是不正确的，你们应该抓住市长讲话的意思，而不是表面的文字。"记者们当然都知道市长的意思，然而戴利自己却无所谓，他对记者们说："没有关系，你们可以责难我，也可以批评我。"

戴利其貌不扬的外表和大众语言会引起人们的反感吗？恰恰相反。他的所作所为得到了大多数人的认同，市民们认为他就是位平凡的、和蔼可亲的人。

某年秋末，我在芝加哥机场等候登机。同行的朋友问我："外面是不是在下雪？"我看了看窗外，说道："下过了，不过现在已经停了。"他回答道："你看，戴利市长在世的时候，从来没有这么早下过雪。"

去世的市长被安葬在芝加哥市一个毫不起眼的公共墓区。年复一年，成千上万的奠祭者都自发地来到这里祭拜平易近人的老市长。坟墓周围的土地都因为不堪重负陷了下去。为什么人们在戴利去世后仍然如此思念着他？因为他平易近人的态度，深深地留在了市民的心中。

即使是今天，芝加哥商界的人们仍然说："戴利是我们的朋友，他了解做生意的难处。"同时，劳工代表们也说："戴利是劳工的朋友，他了解劳工的困难和需要。"戴利是如何使对立的双方都把他当作朋友呢？因为戴利和林赛不同，戴利总是以个人的立场来同人们交涉。他既是芝加哥市长，也是民主党全国委员会委员，但是他从来没有以这种身份与人交涉，他深深了解其他的身份过于抽象，不受群众的欢迎。他以个人的形象接近群众，他所获得的爱戴都是针对他个人而来的，并不是因为他那吓人的头衔。

比如说，他经常会说："约翰……你答应我的，我就靠你了。我妻子都知道你所做的承诺，你不能让我失望。知道吗，每天早上，我都为你祝福，今天早上我还特意为你点了根蜡烛，你看，我的一个手指上还沾着蜡呢？"

这就是"个人立场"的影响力。

到这里为止，关于谈判的所有内容我都讲得差不多了。相信你读了这本书后一定有自己的体会、感悟、思考和行动，你的生活将会发生巨大的改变。

这个世界上总是有你扮演的角色——这也正是你到这个世界来的原因。但是你如何扮演这个角色以及你的未来如何，却全部由你自己决定。

你的命运只能由你自己的努力程度来决定。你必须接受这个事实——不只为你,也为我们大家。你完全具备改变自己和他人生活的力量。关键是你如何发现这些力量以及如何有效地使用这些力量。当然,你可以通过努力去得到你想要的东西,不过在这个过程中,你也应当帮助别人去获得他们需要的东西。

美好的生活不是消极等待就能得到的。你要主动去改变环境,创造生活。

致 谢

YOU CAN NEGOTIATE ANYTHING

这本书同其他作品一样经历了一个漫长的创作过程。我可以坦诚地说：我经历了一个从构思到付诸笔尖，再到反复修改的漫长过程。在这段时间里，我同形形色色、性格迥异的思想家和实干家一起工作，从他们身上学到了很多。

在这里，我要感谢一些人，他们给我提供了极大的帮助。他们是：罗伯特·E.阿尔伯兹、索尔·D.阿林斯克、瑞尼·布鲁、曼希尔、哈兰·克莱乌兰德、米歇尔·迪·纳兹欧、维克多·E.弗兰克尔、杰伊·哈里、艾里克·霍夫、尤金·E.杰明斯、乔治·F.科南、玛丽·曼纳斯、诺尔曼·保德瑞兹、比尔·罗森、伯特兰·拉塞尔、亚瑟·萨伯斯。

当然还有更多的朋友，他们也为这本书的出版贡献了自己的力量，特别是：乔治·艾里克、埃莉诺·哈维、安尼塔·露瑞尔以及金拉瑞。最后是我的出版人莱尔·斯图亚特，我为他的冒险精神和不懈努力而感到骄傲。

最后，我还要感谢我的妻子艾伦。她在这本书的编写及出版过程中给了我重要的支持，是她帮助我完成了这项工作。

海派阅读 GRAND CHINA

READING YOUR LIFE

人与知识的美好链接

20 年来，中资海派陪伴数百万读者在阅读中收获更好的事业、更多的财富、更美满的生活和更和谐的人际关系，拓展读者的视界，见证读者的成长和进步。

现在，我们可以通过电子书（Kindle、掌阅、阅文、得到等平台）、有声书、视频解读和线上线下读书会等更多方式，满足不同场景的读者体验。

关注微信公众号"海派阅读"，随时了解更多更全的图书及活动资讯，获取更多优惠惊喜。读者们还可以把阅读需求和建议告诉我们，认识更多志同道合的书友。让派酱陪伴读者们一起成长。

了解更多图书资讯，请扫描封底下方二维码。   微信搜一搜 海派阅读

也可以通过以下方式与我们取得联系：

- 采购热线：18926056206 / 18926056062
- 服务热线：0755-25970306
- 投稿请至：szmiss@126.com
- 新浪微博：中资海派图书

更多精彩请访问中资海派官网　www.hpbook.com.cn